带团队
不会带团队，只能自己累

齐川 编著

内 容 提 要

如果管理者亲力亲为、事必躬亲，哪怕你再有才华和能力，也是无法获得工作中的好业绩的，只会让自己身心俱疲。真正的优秀的管理者，懂得借助团队的力量，所以企业中的管理者学会带团队尤为重要。

本书从管理的角度出发，针对日常企业和组织中管理者常见的问题，给予了专业的指导和解答，并且还总结了一些轻松实用的管理经验，希望能对广大领导和管理者有所帮助，帮助你轻松带好团队。

图书在版编目（CIP）数据

带团队：不会带团队，只能自己累/齐川编著. —北京：中国纺织出版社有限公司，2019.11
ISBN 978-7-5180-6658-2

Ⅰ.①带… Ⅱ.①齐… Ⅲ.①企业管理—组织管理学 Ⅳ.①F272.9

中国版本图书馆CIP数据核字（2019）第192541号

责任编辑：闫 星　　责任印制：储志伟

中国纺织出版社有限公司出版发行
地址：北京市朝阳区百子湾东里A407号楼　邮政编码：100124
销售电话：010—67004422　传真：010—87155801
http：//www.c-textilep.com
E-mail：faxing@c-textilep.com
中国纺织出版社天猫旗舰店
官方微博http：//weibo.com/2119887771
三河市延风印装有限公司印刷　各地新华书店经销
2019年11月第1版第1次印刷
开本：880×1230　1/32　印张：5.5
字数：123千字　定价：68.00元

凡购本书，如有缺页、倒页、脱页，由本社图书营销中心调换

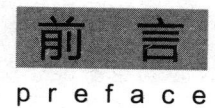
preface

常言道："一个好汉三个帮。""三个臭皮匠，赛过诸葛亮。"这些俗语都是强调合作的重要性，同样，在任何一个企业内，没有谁单打独斗就能轻松完成工作，作为领导者更要认识到这一点，领导者的工作，说白了就是带团队，如果没有带好团队，哪怕你能力再强、再有才华，你凡事事必躬亲，最终你也会身心俱疲。

在职场，一些管理者，他们工作努力，却不懂得如何提升工作效率，其实领导者的主要工作是对人的管理，领导者应找到自己的工作重心，节约时间和成本，提高工作效率。令我们失望的是，不少管理者在工作中总是谨小慎微、忙忙碌碌，他们以抄写发布的文书为重责，自尊自大，亲自去做那些微小琐碎的事情，干涉员工的工作，并不辞辛苦去做员工的工作，以此夸耀自己的才能，却丢掉了那些重大的、长远的事情。实际上，这些人就是不懂得管理之道的人，这样的工作方式多半也是效率低下或者无效率的。

其实，企业管理的关键就在于带人、带团队，管理者是否懂得带团队，直接影响了企业在激烈的市场竞争中的战斗力和竞争力，直接关系到企业是否能长治久安。

团队成员团结在一起、相互协作，使大家拧成一股绳，就能让员工释放出强大的团队战斗力。

然而，你是否发现，在日常工作中，对于你安排的工作，要么石沉大海，甚至拖好长时间也不能把交代的工作处理的很好；要么下属总是做不好，需要你不断更正和指点，可以说，员工工作效率低的主要原因之一很大程度上是你不会带团队。其实，任何一个管理者都要问自己一个问题："我的主要任务是什么？"曾经有人这样回答这个问题："我的工作是把最好的人才放在最好的位置上，将资金在最正确的地方上作最佳的分配。我想大概就是这样：传递理念，分配资源，然后就可以撒开不管了。我的工作就是选出最棒的人，付给他们薪酬……"一个优秀的管理者，如果能做到人尽其才，有效利用企业的人力资源，那么，这不仅仅能提升企业的竞争力，还能提高员工的工作效率。

所以，身为领导者和管理者，一定要了解员工，且善于激发员工的工作积极性，做到人尽其用、人尽其才，才能让他们每一个都在合适的岗位上，让他们扬长避短，为企业做出最大的贡献。

这是一本针对从事管理工作领导干部所编写的一本书，本书告诉我们，只有懂得运用团队资源，做到人尽其用，才能提高工作效率，并且本书还结合各种管理实例，为您系统、深入浅出地阐述了各种管理方法，希望这本书能成为您的枕边书，帮助您快速掌握各种管理技巧，让你轻松带好团队！

编著者

2019年6月

目录
content

第一章　提升人格魅力，带团队就是带人心……………001

做老板不只要有钱，也要有快乐………………002

一个让你可以真正富起来的方法………………004

看懂这个故事，你就离成功不远了………………008

让自己拥有本能的聚财意识………………011

一旦你下定决心，全世界都会帮助你………………014

最需要的地方才能发挥你最大的价值………………018

第二章　培养气度，在挫折和考验中保持初心……………023

保持好心情，别让情绪控制你………………024

不怕失败，有输才有赢………………027

懂得了放下的快乐就懂得了人生的意义………………029

生活中的得与失，从容应对………………032

找到自己人生的位置，然后微笑面对………………034

失败不可怕，承认它然后去战胜它………………038

第三章　运筹帷幄，高效工作就能实现时间自由 ……………041

想一想你需要的时间自由是什么样的 …………… 042
找到让自己做事情更有效率的方法 …………… 045
不相干的人和事很容易拖沓你的时间 …………… 049
把零散的时间利用起来 …………… 052
做一个能够高效管理时间的人 …………… 055
每天留出思考和整理的时间很重要 …………… 058

第四章　承担责任，合理定位自己的团队角色 ……………063

一个好老板要做好这三种准备 …………… 064
你是一个理想主义的企业管理者吗 …………… 067
学会放手，别担心树叶会砸破脑袋 …………… 070
用好压力，它将会是你的财富 …………… 074
不仅要为家庭尽责，也要为社会尽责 …………… 078
有担当的人才能够服众 …………… 081

第五章　快乐生活，别让工作成为一种负担 ……………085

寻找可以让你快乐的事情 …………… 086
帮助你减轻压力的几种方法 …………… 088

目 录

环境舒适优雅，心情自然放松美丽························ 092
做一个快乐的企业管理者································ 094
找到让员工快乐工作的东西······························ 098
工作中的不良情绪及时排解······························ 101

第六章 丰富内心，心灵的富足才是真正的财富············105

心灵的成长体现在哪···································· 106
不必拘束于条件，去追寻内心的安宁······················ 108
向孔孟学习让人生快乐的智慧···························· 112
心态越是积极，忧虑越远离你···························· 115
想要快乐人生，那就走慢一点···························· 118
心里怎么想，你的事业和财富就能达到怎样的高度········· 121

第七章 日行一善，尽己所能回馈社会·····················127

行善积德可以改命改运·································· 128
人类因为慈悲而高贵···································· 131
孝心是所有善行中最先该做到的·························· 135
一个积德行善的家庭，必然丰衣足食······················ 138
不计较吃亏，常常做善事的人必定发达···················· 141
给予他人尊重就是你最大的善意·························· 145

第八章　提升品位，享受另一种生活方式……149

努力赚钱但不要被金钱所控制……150

演好老板的角色，因为你是公司的代言人……153

一个好老板需要有独特的个性标签……156

精神上的富有才是真正的富有……160

做一个有修养的人，言谈举止有礼有节……164

参考文献……168

第一章

提升人格魅力，带团队就是带人心

老板的天职是赚钱，做快乐又有钱的老板，不但要赚钱，还要赚长久钱、阳光钱，不靠投机获取一时之利，而要靠自己的德行素质，吸引财富在你身边聚拢。企业家能顺应天道，做有德者，才是真正的伟大的企业家。

做老板不只要有钱，也要有快乐

你是谁？你想成为怎么样的自己？

如果你是老板，让我猜猜——你会选择做快乐的老板，而且最好是做快乐又有钱的老板。

有四位快乐的老板，一位刚刚谈成一笔生意，迈着轻快的步子，哼着小调；一位看着本月的收入增长了8%，感到很充实，心想这个月大家有奖金发了，而且企业可以扩大规模，完善建设与管理；第三位，则是和家人开心地一起度假，他觉得经过一段时间的努力后，企业在稳建地成长，自己可以多陪陪家人了；还有一位，这些年企业虽有起落，但整体是向好的方向发展，钱也赚了不少，刚捐了笔慈善款，静静地坐在房前的树底下，心里充满了幸福感。

世界上老板很多，很少见到穷开心的老板，因为，做企业，没有钱如何运营？如果企业好比是一个人，那么钱就好比是血液。

财富是快乐的基本条件，当一个人的财富和成就积累到一定的程度时，他的生活就会由量变到质变，进入另一种高度。

搜狐的董事局主席兼首席执行官张朝阳，对于成功与快乐的关系是这样理解的，他说：

1999年的时候，我为了追求自由而奋斗。当时我已经有了很大的名气。但是，利益还没有获得，金融不安全感深刻存在着。

第一章 提升人格魅力，带团队就是带人心

1999年，尽管搜狐融资很多，但是作为CEO，我这种不安全感还是没有消除。

后来我说过一句话："我在名利的大道上一路狂奔。"的确是这样，我用了8年，现在金融不安全感彻底消除了，我知道了人生的意义，知道要干什么了。自然界给人的寿命最多100多年，就是4万多天。高兴对于这4万多天是不是很重要？每个人的存在都是自然界的杰作，但是这个杰作能不能活到一种最行云流水的状态？

我的奋斗就是要把奋斗变成不奋斗。几年前，我每天很早到办公室，随时找我都能找到。现在我把主动权收回了，只有我去找谁开会，我要不去找你，你是没有权力找我开会的。甚至你发一个短信，我都有权不回。

如果我现在全然退休的话，肯定活得更高兴，因为我有太多兴趣了——思考、音乐、运动、散步、蹦迪。但是我还是有一些虚荣心的，希望把公司做得更成功。

我追求的是——首先要把"必须做什么"和"应该做什么"的责任和义务从我的词典里删去。

对于每个人来说，自由和快乐都是相对的而非绝对的，但是显而易见，成功者的自由远比那些正在路上的人大得多。当一个人有资格决定只做自己喜欢的事情时，他的身心才可能完全解放。我们对于这个世界可以存在种种梦想，金钱也许不是你的终极目标，但它是一种必需的手段。

有钱是件快乐且有意义的事，以下是部分举例：

（1）能帮你实现理想

（2）丰富物质生活

（3）造福社会

（4）娱乐

（5）享受或改善教育

（6）旅游

（7）医疗

（8）让你活得更有尊严

（9）退休后的经济保障

（10）接待与结识朋友

（11）提升自信

（12）更充分地享受生活

（13）更自由地表达自我

（14）激发你取得更大的成就

好处多多吧！要成为一个快乐老板，积极的财富观念是大前提，让我们对金钱保持自由、地位、信心、保障等正面联想，来个财富的智慧之旅，君子爱财，取之有道，愿你变得越来越有钱！

一个让你可以真正富起来的方法

什么是最彻底的致富方法？或者说财富是怎么来的？也许你

第一章 提升人格魅力，带团队就是带人心

在苦苦思索，也许你曾经听过。

在一本超过2400年历史的书里，曾子的作品《大学》中提到一句话："有德此有人，有人此有土，有土此有财，有财此有用。德者本也，财者末也。"

大意是说：有德才会有人拥护，有人拥护才能有土地；有土地才会有财富；有财富才能尽其所用。道德是根本，财富是枝末。

这里所说的"德"，是指一个人的德行修养，以现代人的观念说，能量即是财富。为什么有能量？细细推敲，其中根本就是这个人具备"德能"，德能带来让财富繁荣的平台和市场，如果德能失去，财富就很快要离开了。

最彻底的致富方法，不在于外物，其核心因素还是自身的因素。企业家能和天道，做有德者，才是真正的伟大的企业家。

北京同仁堂是全国中药行业著名的老字号。它创建于清康熙八年（1669年），到今天已经历经三百余年的风雨。同仁堂能够长期屹立不倒，在于对以仁、义、理、智、信为要素的传统文化的坚守。

同仁堂坚持"同修仁德，济世养生"的生存发展观；"炮制虽繁必不敢省人工"的工艺道德观；"品味虽贵必不敢减物力"的生产道德观；"修和无人见，存心有天知"的自律道德观；"做人以德为先，待人亲和友善"的行为道德观。主张："以义取利，义利共生""以礼治业，长治久安""好学近智，智而不惑"。

正是："富与贵，是人之所欲也。不以其道得之，不处也。贫与贱，是人之所恶也。不以其道得之，不去也。"企业管理，可以用术，但大原则是必须坚守正道。企业经营，可以获利，但大原则是必须以义取利。

经商当老板，心机、运气等客观条件也可以使你获取一时之利，但要取得长足的发展，依然是德行为先，所谓"大成"，不是靠几次投机取巧就可以积累起来的。那些站在财富的顶峰上的人物，无不是信义卓著的人。

对外，"德"是信誉的保障；在内部，"德"则代表着核心凝聚力。领导者的人格魅力，可以树立正确向上的企业文化，培育员工的认同感。大家有正确方向指引，有凝聚力了，这样就好办了。尤其是事业遇到困难的时候，大家一起努力，就闯过去了。这就是一种精神力量，这就需要有大智大德。

晚清曾国藩和左宗棠同为一代名臣，二人之间既有合作也有矛盾。曾国藩为人低调，谨言慎行。左宗棠则恃才傲物，在言辞上也显得比较刻薄，很少考虑别人的感受。

咸丰七年二月，曾国藩的父亲去世，远在江西瑞州军营的曾国藩听说之后，就准备回家守孝。左宗棠却认为他舍小弃大，为臣不忠，当场宣布和他绝交。

第二年，曾国藩奉命率师支援浙江，经过长沙时，特地来到左宗棠府上拜访他，并且求左宗棠写下了"敬胜怠，义胜欲；知其雄，守其雌"十二字，以此来表示谦抑之意。左宗棠看到曾国

第一章 提升人格魅力，带团队就是带人心

藩竟然不计前嫌，就对他产生了崇敬之情，两个人的关系也就趋于缓和了。

后来，左宗棠受到了别人的陷害，为了自保，只好远离京城去投靠曾国藩。曾国藩不计前嫌，宽宏大量，热情地接纳了左宗棠。原本比较自负、看不起人的左宗棠心中感到十分惭愧，同时发誓要尽心尽力来辅佐这位德高望重的曾大帅。

其后短短的几年时间，左宗棠由被陷害、走投无路一跃成为一品大员。他东山再起的速度之所以如此之快，和他的战功和才能是分不开的，但是也和曾国藩以诚相待、全心帮助有很大关系。

同治十二年，曾国藩逝世，左宗棠在伤心之余写下了这样一副对联来表达对这位朋友和老师的哀思："谋国之忠，知人之明，自愧不如元辅；同心若金，攻错若石，相期无负平生。"

左宗棠是一个志大才高、性格狂傲的人，但是他一直对曾国藩比较尊重，原因不是别的，而是被曾国藩的人格魅力所折服。

一个品行不端、没有道德的人不仅在社会上得不到真正的朋友，也不可能在事业中取得长久发展。要想成就大事，除了要具备应有的目标和技能之外，更要注意道德素质的培养。如果能够做到宽以待人、严于律己、诚实守信、光明磊落，就能够铸就个人非凡的人格魅力，从而赢得别人的信任和支持，为事业的发展打下良好的基础。

做事先做人，经商当老板也是同样的道理。如果你拥有相应

带团队：不会带团队，只能自己累

的智慧与美德，再加上做好企业的信心，那么你的事业的前景是乐观的，财富也必将是充实的。

看懂这个故事，你就离成功不远了

在这个世界上，成功的老板数不胜数。这中间除了那些含着金钥匙出生的幸运儿，还有很大一部分成功者是白手起家、打下了属于他们自己的江山。在为事业打拼的过程中，你的一思一想，一言一行，都可能会给你的发展带来不良影响，也可能会成为你成功的助力。

有个年轻人，因家境贫寒，辍学回家照顾体弱多病的双亲。有一天他行走在路上，捡到了一枚铜钱。

在他走过一个花园旁，听到花匠们说口渴时，他当下就用这枚铜钱买了一些茶水送给了花匠们喝。

花匠们喝了，非常感激，便一人送了他一支鲜花。他得到了这些花，路过集市的时候，把花分送给了爱花的人。得到花的人非常感激他，每人给了他一个铜钱，于是，他拥有了8个铜钱。

一天，一阵狂风过后，果园里到处都是被狂风吹落的枯枝败叶。

年轻人对园丁说："我愿意帮助你们把果园打扫干净，这些断枝落叶能让我拿回去做柴火吗？"

第一章　提升人格魅力，带团队就是带人心

园丁很高兴："可以，可以，你都拿去吧！"

年轻人捡柴火时，附近有一群小孩为了争抢几粒糖而吵闹不休。于是年轻人用自己的8个铜钱买了一些糖果，分给附近的孩子们。孩子们非常高兴，纷纷帮他收拾残枝败叶。

年轻人准备把这些柴火拉回家去，这时，走过来一位帮大户人家做饭的厨工，厨工说这柴火很好，烧火不冒烟，我们东家有哮喘病，最怕烟了。年轻人听后，说："那您拿去吧！"厨工不肯白拿，于是，他付了16个铜钱拿走了这堆柴火。

年轻人拿着这16个铜钱，心想这么多的钱，可以做好多善事，于是，他在自家不远处开了个茶水摊。正值炎热的夏季，路人们都很口渴，年轻人的生意很兴旺。附近有一群割草的工人，年轻人看他们工作辛苦，就免费为他们提供茶水，割草工人每天都向他点头微笑，并竖起夸赞的大拇指。

一天，年轻人听说有一帮马贩子要带着大量马匹从这儿经过。年轻人想，这多么马匹，肯定要吃草的。他把这个意思对割草的工人说了，于是，每位割草的工人都很慷慨地送了他一捆草。

第二天，马帮队伍来了，在茶摊歇脚，看到这么多的好草，便提出要买。年轻人说："这些草我没有花钱，你们需要就拿去吧！"马贩子们笑了笑，喝完了茶，便丢下了100个铜钱拉走了年轻人的草捆。

几年后，这个地方出了一位远近闻名的大富豪……

这个故事很简单，年轻人的成功看似偶然，实际上却是他与人为善的心念造就了这一切。他明白要想得到就一定要付出；他明白众人拾柴火焰高的道理；他明白万物只有用在恰当的地方才能体现它的价值；他更加明白只有掌握机遇才能成就一番事业。

大人物不一定都有大机遇，但他们都有一种人所不及的大智慧。成就大业的基本原则，其实包含在我们大多数人永远不会注意的最普通的日常生活经验中。

美国青年艾登用打工存的钱，以分期付款的方式买下了一家汽车服务店。

头半年，尽管他每天工作10个小时，生意依然清淡。一天，有人来买10美元的汽油。艾登正闲着没事，说："先生，我顺便替你清理一下车厢吧。"扫完之后，顾客很满意："小伙子，我从未享受过如此好的服务，多加些油吧，全部加满。"

这样的结果让艾登感到意外又兴奋。他一下子从这件事中得到了启发，由此他给自己制订了一个经营策略——今后，要尽量使每一位光临本店的顾客满意，并提供额外的服务。

果然，此举一出，他的店外整天排满了等候加油的车子。从经营这个小店开始，艾登逐步成为了美国一家著名连锁店的创办人。

有时候，成功是需要我们先付出的，以友善的态度和良好的敬业精神，把你的工作做得尽善尽美，就不愁无人赏识。每一个成功者都懂得，出来做事，要有服务的精神，尽量能够做多一点，做好一点，主动一点。

我们应从最基本的小事做起，将这种服务精神培养成一种习

第一章 提升人格魅力，带团队就是带人心

惯，通过长期的积累，自然而然地融入生活的一部分，这样，我们的整体素质就会提高到一个新的层次。

在我们为别人做出服务的同时，世界用财富来作为与我们交换的东西，作为对我们的奖赏。如果我们拿出最好的服务，那么我们就可以获得一个与之相称的奖赏。

让自己拥有本能的聚财意识

如果财富是游在水里的鱼，那么赚钱的智慧就是我们的鱼竿，只要钓鱼的技术好，你永远都有吃不完的鱼。任何一个人，不管他的年龄、文化程度、职业如何，都能吸引财富，同时也能排斥财富，这一切就在于他是否拥有强烈的聚财意识。

一位年老的商人快死了，他的家人围在床边，老人用微弱的声音说："撒拉在这儿吗？""在，亲爱的。"他的妻子抽泣着说。"莫里斯在吗？""是的，爸爸。"他的儿子回答说。"朱蒂丝在这儿吗？""在，爸爸。"他的女儿回答。"哎呀，"他呻吟道，"那谁在照管商店呢？"

别把这个小笑话当作对守财奴的讽刺，当一个人把赚钱放在第一位的时候，每时每刻都有着别人看不到的机会。

美国一位大商人出生在一个嘈杂的贫民窟里，和所有出生在贫民窟的孩子一样，他也斗殴、喝酒、吹牛和逃学，但与其他贫

民窟孩子不同的是，他天生有一种赚钱的眼光。

他把一辆街上捡来的玩具车修整好，让同学们玩，然后每人收取一美分。就这样，他竟然在一个星期之内赚回了一辆新的玩具车。

他中学毕业后，真的成为了一个商人，卖过小五金、电池、柠檬水，每一样他都做得得心应手。

让他发迹的是一堆服装。这些服装来自日本，全是丝绸的，因为海轮运输途中遭遇风暴，结果染料浸染了丝绸，数量足足有一吨之多。

这些被污染的丝绸成了让日本人头疼的东西，他们想处理掉，却无人问津；想搬运到港口扔进垃圾箱又怕被环保部门处罚。于是，日本人打算在回程途中把丝绸抛到大海中。

商人无意中得知这个消息，他立即来到了海轮上，用手指着停在港口的一辆卡车对船长说："我可以帮助你们把丝绸处理掉。"

他不花任何代价就拥有了这些被染料浸过的丝绸。他把这些丝绸制成了迷彩服一般的衣服、领带和帽子，几乎是在一夜之间，他靠这些丝绸拥有了10万美元的财富。

他用这10万美元在偏僻的郊外买了一块地。一年后，市政府对外宣布在郊外建造环城公路，他的地皮升值了150多倍。

他的同道们想知道他是如何获得这些信息的，甚至怀疑他和市政府的高级官员有来往，但结果令他们很失望，商人没有一位在市政府任职的朋友，他有的只是他灵敏的商业嗅觉。

第一章　提升人格魅力，带团队就是带人心

商人活了77岁，临死前，他让秘书在报纸上发布了一则消息，说他即将赴天堂，愿意给别人逝去的亲人带口信，每则收费100美元。他的遗嘱也十分特别，他让秘书再登一则广告，说他是一位有礼貌的绅士，愿意和一个有教养的女士同卧一块墓穴。结果，一位贵妇人愿意出资5万元和他一起长眠。

这位商人的发迹仿佛是一个传奇，是好运气在一直伴随着他吗？不，在每天匆匆来去的人潮中，像他这样对商业具有执着精神并坚持到最后的人又有几个？经商赚钱需要一种意识，若将这种意识时时贯穿于行动当中，它就能成为生命的本能。

生活中，商机无处不在。有许多创业者，往往就是因为抓住了一个稍纵即逝的时机，从此顺利地开始了自己的"掘金"生涯。

中国著名企业家，现任泰康人寿董事长兼首席执行官的陈东升，先后创办了嘉德拍卖、宅急送、泰康人寿三家企业，横跨金融保险、艺术拍卖、物流领域，且均已成为行业翘楚。

陈东升的座右铭是：目标纯正、心无旁骛，做正确的事，时间就是答案。在上世纪末，他下海经商之初就发现，在中国现阶段，最好的致富途径就是"模仿"，看外国有什么而中国没有，就可以做起来。很长一段时间，他总是在新闻联播最后一条看到类似的东西：某某在伦敦索斯比拍卖行买了一幅梵高的名画。然后电视画面上是一位风度翩翩的先生，站在拍卖台上，"啪"地敲一下槌子。他想，中国也有五千年的文化，有丰富的文化遗产，这个一定能做得起来。于是，他创办了中国第一家具有国际

013

拍卖概念的拍卖公司——中国嘉德国际拍卖有限公司。第一次拍卖，销售额就达1400多万人民币。

当成功者志得意满地享受自己的成果时，四周观望的人会羡慕他们的眼光好、动作快，却不知他们为了这次冲刺已经作好了充足的准备。

发现机遇最紧要的是头脑的训练和素质的提升，如果你一时还无从入手，也不要着急，复制他人的成功模式，也是一个可行的办法。如陈东升，拍卖公司不是他的发明，但是他接受了外来信息，并融会贯通成自己的东西，所以他成功了。对于刚刚起步的人来说，你不必强求自己一下子跨越多远，观察——总结——行动是接近财富的最佳途径之一。虽然不是每个行业都可以插手，但多关心四周的环境，机会来临时，究竟会不会成功，在心里盘算一下，便可以略知一二了。

致富的信息，来源于生活的积累。当你的头脑里充满了新的东西时，大脑的工作速度会自然加快，对信息进行分析、思考、判断、推理之后，你就会找到最适合自己的行事方法，而创造力就是如此产生的。

一旦你下定决心，全世界都会帮助你

做生意，有没有一种方法，能够赢得全世界都来帮助你呢？

第一章 提升人格魅力，带团队就是带人心

大家都来支持你的生意，生意好了，自然赚到钱，而且是赚高质量的钱。高质量的钱，即是正道上赚来的，阳光的。

我们在社会上生活，在奉献自己的所能所有时，也在享受他人创造的劳动成果。自我封闭，等于同时也封闭了他人帮助你的途径。有这样一个小故事：

在一个寒冷的冬天，一个卖包子的和一个卖被子的同到一座破庙中躲避风雪。天晚了，卖包子的很冷，卖被子的很饿，他们都相信对方会有求于自己，但是又怕先开口会吃亏，所以谁也不主动提议共渡难关。

过了一会儿，卖包子的说："吃一个包子。"卖被子的说："盖上条被子。"

又过了一会儿，卖包子的又说："再吃个包子。"卖被子的也说："再盖上条被子。"

就这样，卖包子的一个一个吃包子，卖被子的一条一条盖被子，到最后，卖包子的冻死了，卖被子的饿死了。

现实生活中也许没有这样愚蠢的人，但实际上那些总是把自己的口袋捂得严严的、唯恐被别人沾了光的人比比皆是。其实，对于财富，看得紧不如放得开，凡最终在生意场上叱咤风云的人物，善待合作伙伴都是他们的一贯原则。中国近代火柴大王刘鸿生说："你要发大财，一定要让你的同行、你的跑街和经销人发小财。"这样大家都愿意与你合作，没有拆台的小人，你的道路才会顺畅得多。

人与人之间、企业与企业之间有了互动和互让，然后才能形成互利局面。就是这种简单的道理，却成就了世间的大事业。

高文光是全国工商联五金商会副会长，多次被评为"天津市优秀企业家"。他从一位农民、从农村一家作坊的小老板，仅用10年时间，就成了天津商界五金业里领头的人物，在经营上又有什么秘诀呢？

高文光说，直至今天，我仍然认为自己是个外行，而且我一开始，所用的人也全都是外行，没有一个是来这之前曾经干过五金的。经营上我凭什么成功？就凭"仁义礼信"四个字。我努力地做到了，其结果让我受益无穷。

高文光创业之初，公司只有5名员工，两辆送货的三轮车，外加3间简陋的门面房。为了在激烈的市场竞争中生存下来，高文光提出了"一盒螺丝钉也要送货上门"的口号，这种"不计成本"的做法收到了成效，公司的局面逐渐打开，客户也越来越多。

公司的客户基本都是批发商，这些人慢慢被养懒了，当员工把货送去时，还得帮他们把货摆上货架，更离谱的是，有的批发商干脆让高文光的员工代替他们把货直接送到用户手上，也就是说，这些批发商完全不动一下手指头就能赚取利润。刚开始一两次还能忍受，可是时间一长，员工渐渐有了牢骚："这些人太过分了，咱们干活他们拿钱，世上哪有这么便宜的事？"高文光却不以为然，他认为，对于自己这样刚起步的小公司来说，别人需要他们的服务越多，自己的生存空间就越大。

第一章 提升人格魅力，带团队就是带人心

有一次，一个员工去给批发商送货，搬完了货，那个员工忽然计上心来，拿出自己的名片递给客户说："如果您以后想进货，可以直接给我打电话，批发商都是从我们公司进的货，我们的价格肯定比他们便宜。"对方也是个精明的生意人，有利可图自然求之不得，两人一拍即合。

回到公司，那个员工将此事报告了高文光，他以为会得到老板的夸奖，万万没有料到，得到的却是一顿臭骂："今后谁再做这种蠢事，决不轻饶！"因为这事，不少员工都认为高文光放不开手脚，不像赚大钱的人。对于这种观点，高文光笑道："如果天下的钱都让你赚走了，大家都没钱了，你还赚谁的钱去？"这虽是一句玩笑话，却体现了高文光独特的经营理念——有好处不独享，谁也不可能赚走所有的钱。

高文光所秉持的"仁义礼信"不是一句空话。财富如水，如果是一杯水，你可以独自享用；如果是一桶水，你可以存放在家里；但如果是一条河，你就要学会与人分享。我们所给予对方的，会形成一种社会存储，不会消失，一切终将像水流一样循环到你身边。

讲诚信重仁义，是优秀的企业家的境界有一位我所敬佩的老师，他的观点，就具备大智大德：

企业要为顾客、为国家而活，这才是真理，也是必须的！所谓为自己活能获得利益完全是假象，我们要从假象中穿出去，进入真相。这个需要勇敢，所以超级领袖的品质就包括勇敢精神。

尤其是年轻人要有这种精神：没钱吃饭我就去捡垃圾，没有房子我就住桥洞……如果有这种精神，就没什么可恐惧的，即使做乞丐，依然可以活得很绽放！有这种精神会生出很多福报，这样的人未来一定会发达，会成为引领他人的人。

众生是福报、智慧、喜乐的源泉，是一切价值的源泉。当企业家悟到这个，那么离创造出伟大的奇迹就很近了。

要真正懂得让全世界都来帮助你的诀窍，首先要做到心底无私天地宽，人若无私谁都愿意支持，自私是障碍，无私才是力量。我们不是不要名利，但是要小看它，不要当回事。名利放在头上，人就沉重，踩在脚下，人才成长。我们一起沿着正确的方向往前走，财富自然会在你身边聚积起来。

最需要的地方才能发挥你最大的价值

成功的老板都是最好的经营者。经营的本质，是让自己手中的资源发挥最大价值，这是最考验一个人的智慧和眼光的。

我们来看一个二千年前的故事：

宋国有一家人，祖祖辈辈都以在水上漂洗丝絮为业，传下来一个防止皮肤冻裂的药膏的方子。冬天冷，同行们怕皮肤冻裂，就不再工作了。而这家人，因为有了这种药膏，即使冬天也能照常工作，所以他们的经济收入总要比别人高一些。

有一位远方的客人听说了这种药物,就慕名赶来,愿拿百金来购买秘方。这家人聚在一起开会,得出结论:"我家世世代代漂洗丝絮,所得不过数金。现在一旦卖出这个药方,就能得到百金。还是把药的秘方卖给他吧!"

客人得到药方之后,转身献给了吴国的君王。他强调这种药物对士兵作战将大有好处。很快,寒冷的冬天到来,此时,越国突然发兵攻打吴国,两国军队在水上作战,吴王就将防冻膏用来装备军队,士兵们没有一个生冻疮的,作战时生龙活虎,勇敢顽强,结果大败越军。吴王非常高兴,把一片土地封赏给了这位献药方者。

防冻疮药膏在漂丝人手里,只相当于一种劳动保护工具,每年只能给他们带来数金的小利;用在吴国军队里,就成了一种可以决定战争胜负的秘密武器。漂丝人不懂得经营,所以手中握着宝物而不自知。而那位将药方献给吴王的客人,本身并不拥有稀缺资源,但在他穿针引线之下,这个药方才发挥了它的最大价值。他所得到的一片土地的封赏,就是对其经营智慧的肯定。

更为广义的经营,是对自身价值的经营。那些成功的大老板,他们不但通过经营产品获利,同时也在永不懈怠地经营自己。

上海复星高科技有限公司董事长郭广昌,是一位横跨多产业、投资逾百家的成功商人。在郭广昌的人生中,有两次非常重要的转折点。

郭广昌出生在浙江东阳的一个贫苦的农民家庭。像大多数的农民父母一样，郭广昌的父母也希望自己的儿子早日跳出"农门"，因此父母让他报考了师范，一方面可以减轻家里的负担，另一方面也可以有一个稳定的饭碗。

拿到师范的录取通知书后，郭广昌心里有种说不出的难受。东阳中学走出了那么多大学生、硕士生甚至博士生，难道自己这一辈子就只能是一个中师生吗？郭广昌翻来覆去想了一晚上，作出了第一个改变自己一生命运的决定——放弃中师，改读高中。高中三年，靠着每星期回家背几斤米和一罐梅干菜，他熬了过来，并考上了复旦大学哲学系。

郭广昌实现了他的大学梦。从东阳到上海，大学生活让他的眼界更加开阔，这为他以后在资本和产业这条路上一路飞奔奠定了坚实的知识基础。

在大学期间，郭广昌做了两件至今仍然觉得最得意的事情：第一件是1987年暑假，他一个人骑自行车沿大运河考察到了北京；第二件是在1988年暑假，他组织了十几个同学搞了个"黄金海岸3000里"的活动，骑车沿海考察，到了海南。这两件事无疑帮助他在一定程度上了解了社会、认识了自己，同时这也成了他毕业时被留在校团委工作的重要加分因素。

在校团委，郭广昌工作出色，但他一直渴望看到更广阔的天空。

在此后的二十余年中，郭广昌稳步前进。2016年的胡润百富榜中，他以445亿财富排名第28位。

第一章 提升人格魅力，带团队就是带人心

人生的成败，其实是一系列选择的结果。别人夺不走的真正的财富，就深藏在你的内心之中。我们必须在物质生活变得富裕之前，让思想先富起来，在获得生活的成功之前，必须先拥有成功的观念。

我们大多数人的生活状态都是匆匆忙忙的，在闹钟的铃声下起床、吃饭、工作、回家，从一个地方逛到另一个地方，事情做完一件又一件，好像做了很多事，却很少有时间追求自己真正想完成的目标。责任与方向不明确，一生都在为干活而干活，虽然他们每一天的劳动都换来了相应的报酬，但是他们却丢失了可持续发展的长远规划。

如果仅仅把眼光放在如何改变目前的生活上，我们就容易犯短视的错误，忘记自己还可以走得更远，获得更多美好的东西。财富、地位、成功和快乐不是只为某些人准备的，小人物和成功者之间也没有不可逾越的距离。

事在人为，我们每个人都可以深入发掘自己的潜力，沿着目标的指引去打拼，让自己的生活发生质的改变。

第二章 培养气度，在挫折和考验中保持初心

因为环境、际遇的不同，不是每个人都可以一帆风顺地长成参天大树。我们所能做的，是要做一个不沮丧、不屈服并且有足够的弹性来对抗情况变化的人。培养不只向金钱看齐的思想，保留一点自己值得骄傲的地方，人才能活得更加有意义。

保持好心情,别让情绪控制你

人在世上,压力每天都有,稍有懈怠,就有被淘汰出局的危险。那种"日出而作,日落而息"的从容悠然再也不容易见到,在一日日的匆忙、焦虑的积压之下,种种不良情绪就会占据我们的心灵。

"人不会因为过度疲劳而死,却会因愤怒和烦恼而死。"如果把大量的时间和精力都耗费在无谓的烦闷上,总跟自己的坏情绪较劲,并任由坏情绪控制自己的行动,就不可能发挥自己的固有能力,只能落得一个悔之晚矣的结果。

于明是一家影楼的老板,这段时间,正赶上他的人生低潮期。现在影楼生意不好做,同行之间还充斥着恶意竞争。更让人难过的是,妻子有了外遇,执意要离开他,他没有想到多年的爱却经不起现实的考验,他的心在一点一点地破碎。后来他听从朋友的建议,去找心理专家作咨询,希望可以摆脱现在的困境。

当心理咨询专家听完了他的诉说后,把他带到一间很小的办公室,室内唯一的桌上放着一杯水。咨询师微笑着说:"你看这只杯子,它已经放在这里很久了,几乎每天都有灰尘落入里面,但它依然澄清透明。你知道是为什么吗?"于明认真思索,像是要看穿这杯子,是的,这到底是为什么呢?这杯水这么多杂质,

第二章 培养气度，在挫折和考验中保持初心

为什么最终却很清澈呢？"对了，我知道了，"他跳起来说，"我懂了，所有的灰尘都沉淀到杯子底下了。"

咨询师赞同地点点头："年轻人，生活中烦心的事很多，有些你越想忘掉越不易忘掉，那就让它沉入心底好了。就像这杯水，如果你厌恶地震荡自己，会使整杯水都不得安宁，浑浊一片，这是多么愚蠢的行为。而如果你愿意慢慢地、静静地让它们沉淀下来，用包容的胸怀去容纳它们，这样，心灵并未因此受到感染，反而更加纯净了。"

生活不可能总是一帆风顺，尤其是自己当老板，独力支撑起一片天空的人，当烦恼袭来时，我们千万不要和自己过不去，而是应该把所有的烦恼都沉入心底，不要为那些不顺的事纠缠，只有让它慢慢地沉淀下来，才会显现出生活的本来面目。

为了不知道到底会出现什么后果的事而忧心忡忡，不但浪费了时间，更使人生变得索然无味。所以，不必愁眉不展地去担心未来的事，把握当下、积极快乐地生活，人生才显得更有价值。

在第二次世界大战中，曾有一位被美兵捉到、关入牢里的日本兵，他和很多被俘的日本兵都深信——"援军迟早会赶来救人的"。但援军始终都没有赶来，因此俘虏们渐渐焦虑不安，甚至有人十分气馁、憔悴不堪，被不知何时就被处死的恐惧心理折磨而死。

而他想："原本我们是处于战死也不令人意外的状态下，但现在当了美军的俘虏，至少可以避免战死。当然，既然当了俘房，就不知道何时会被杀，不过目前应该还没有问题。因为现在还这样活着，而且还能吃饭，仔细想想还真是值得庆幸。"

环顾四周都是美国人，因此他就产生了"好吧，在这里起码学点英文也好"的乐观想法，不知不觉中变得能和美军的看守员交谈了。

不久，大战结束，因为看守兵帮忙说好话，他得以最先从牢中被释放出来，并在回国后，担任大阪英语实习班的授课老师。因为他在坐牢的时候，已把英语学到精通了。

那种以不良情绪将自己缠绕起来的状态，心理学中称之为"自挫"。自挫类似于一种自我破坏，自挫行为是一种负面想法、感觉和行动的累积，具体表现为会自我破坏的人习惯于否定自己的快乐或破坏自己好的感觉。在现实生活中，一个人是存在"自挫"心理还是凡事可以自我开解，将对他的命运产生不同的影响。

你以什么样的态度对待生活，命运就会给你怎样的回馈。很多人都会碰到不尽如人意的事情，在这样的时候，你必须面对现实。不要对自己目前拥有的东西抱怨或不满。它们可能是贫乏的、不好的，但既然事已至此，就只好安于你既有的一切，从中去发现出路和希望。不重视现在，就不会有可以期待的未来。

第二章 培养气度,在挫折和考验中保持初心

不怕失败,有输才有赢

有句歌词叫作:没有人能随随便便成功。不论成就非凡的大老板还是刚刚起步的小老板,在发展事业的过程中,都难免要碰到波折险阻。不尽相同的,是他们在彼时的表现。

许多人遇到工作或生活中的危机时,往往变得消沉,或者说出"我算是完了"之类的丧气话,否定自己的未来。而成功者却与此正好相反,他们越是在这样的时候,越要把发生的一切事情向积极的变化方向去设想,在危机中找出转机并走向成功。在成功者的心目中,"一扇窗子关闭了,另一扇窗子会为我开启""过去所有一切的结束,正是一个新目标的出发点""这条道路不适合我去,所以上帝指示我向另外一条道路前进。"

有一位成功的商人接受专访。记者问:"据我了解,你的事业越做越大,其中最重要的原因是你始终保持清醒的头脑,不管多么顺,总能做到'居安思危',是这样吗?"商人思索片刻后说:"'居安思危'当然重要,不少创业者就是因为缺乏这种意识而从巅峰跌入低谷。但在我看来,'居危思安'更重要。"

记者颇感新奇,就问:"'居危思安'这个提法还是第一次听说,您能说得更明白些吗?"商人笑着说:"你知道吗?更多的创业者之所以没能成功,不是因为缺乏勇气,而是缺乏乐观的心态。在身处困境、危难时,他们苦苦挣扎、艰辛打拼,但结果还是不尽如人意。表面看来,他们很坚强,实际上心理已变得很

脆弱。而居危思安的人总能在挫折中保持乐观的心境，颇有一些阿Q精神，再困难的时刻，他都乐于幻想美好的结局，许多智慧的火花都是在这种氛围中迸发出来的。"

有些人一遇到什么风吹草动，脑子就乱了，于是匆匆忙忙转移到所谓的"安全地带"，先前付出的时光、精力，全部付诸东流。其实，把一个人逼入死胡同的危急时刻，正是他发挥潜能的绝佳时期，我们完全可以换一种思维方式看问题，这样也许反而能获得比以前任何时候都巨大的成功。

居"危"而思"安"，绝非自欺欺人。在危难中看到希望，在困境中自我安抚，在磨砺中设想未来，这不但是一种乐观的大境界，而且还能使我们在这种境界的激励和"诱惑"下，变得灵活敏锐，进而寻找到一个通向胜利的突破口。

美国大资本家洛克菲勒曾经说过："如果把我所有财产都抢走，并将我扔到沙漠上，只要有一支驼队经过，我很快就会富起来。"这句话适合所有当老板的人，既然想创业、想成功，就要有勇于东山再起的精神。哪怕自己的事业中途夭折，哪怕自己一无所有，只要有些许机会，自己还是能够重新崛起，并能够迈向新的高峰。坚持下来的人，才是最后的胜利者。

懂得了放下的快乐就懂得了人生的意义

哲学家梭罗曾经说过,"心灵的成长是通过减法完成的,而不是通过加法。"心灵的减法,就是让我们把心中的各种烦恼、忧虑抛掉,让外面的阳光照进来。

有一个富翁背着许多金银财宝,到远处去寻找快乐。可是走过了千山万水,也未能寻找到快乐,于是他沮丧地坐在山道旁。一个农夫背着一大捆柴草从山上走下来,富翁说:"我是个令人羡慕的富翁。请问,为何没有快乐呢?"

农夫放下沉甸甸的柴草,舒心地揩着汗水:"快乐也很简单,放下就是快乐呀!"富翁顿时开悟:自己背负那么重的珠宝,老怕别人抢,总怕别人暗害,整日忧心忡忡,快乐从何而来?于是富翁将珠宝、钱财接济给穷人,专做善事,慈悲为怀,这样滋润了他的心灵,他也尝到了快乐的味道。

人生于世,我们哪个人不是负重前行呢?责任、名利、爱欲、仇怨,如果不懂得给自己减负,总有一天会被它们把整个人压垮。这其中对我们的身心伤害最大的,莫过于对过去失误的悔恨与纠结。这些过失和错误有的时候就像人生中的鱼钩,让我们不小心咬上并深深地陷入其中之后,我们不断地负痛挣扎却很难再摆脱这枚"鱼钩"。

要知道,生活不以我们哪个人为中心,所以每个人都有不能畅心满意的时候。可能你一个计划失当就损失了一笔金钱,只差一点点就能拿到一个新的证书升到一个新的职位，或者是爱人在有意无意中伤害了你，同仁们不是相互提携而是暗中拆台，这都是生活中最为常见的烦恼，不值得为它们付出过多的心力。

《论语·八佾》里孔子有句话为："成事不说，遂事不谏，既往不咎。"用今天的话说就是"已做的事就不便再解释了，已完成了的事就不能再去挽救了，已过去了的事就不要再去追究了"。这就是智者对待人生的态度，正视现实，却不会把现实的包袱压在自己身上，随时都准备着面向前方，飘然而去。如果你想要向先贤看齐，方法其实很简单。

一位精神病科的医生有多年的临床经验，在他退休后，撰写了一本医治心理疾病的专著。这本书足足有1000页，书中有各种病情描述和药物、情绪治疗办法。

有一次，他受邀到一所大学讲学，在课堂上，他拿出了这本厚厚的著作，说："这本书有1000多页，里面有治疗方法3000多种，药物10000多样，但所有的内容，只有四个字。"说完，他在黑板上写下了"如果，下次"。

医生说，造成自己精神消耗和折磨的全是"如果"这两个字，"如果我考进了大学""如果我当年不放弃她""如果我当年能换一项工作"……

医治方法有数千种，但最终的办法只有一种，就是把"如果"改成"下次"，"下次我有机会再去进修""下次我不会放弃所爱的人"……

世事难以预料，谁也不想让倒霉和不幸的事发生在自己身上，但如果已经发生了，就要勇敢地去面对。伤感和悔恨都不能改变过去，如果总是背着沉重的思想包袱，纠结于过去的错误，只会白白耗费眼前的大好时光，那也就等于放弃了现在和未来。

"放下"二字，是烦恼人生的解药，那些放下包袱、胸怀开朗的人，在日常处事时对别人自然也会采用"放下"的态度。

有一天，与一位拥有数百名员工的老板谈话，发现他就是一位懂得放下的人。有一施工建造单位因工程质量的原因，正在与公司打官司，他知道了对方可能吃大亏后，对律师说："可以和对方沟通，妥善协调好就好了，不必在官司上费精神，有些事要多放下，也让对方好好放下。"这就是做大事的风范，也是让自己与他人都多一些快乐的行为。

无论什么时候，别忘了告诉自己，把心思放在损失上，才是真正的损失。这样的愚蠢只会让你错过更多打开新局面的机会。

把过去的一切甩在身后，也就是卸下心头的重压，才会更好地重新开始新的生活。一个不受过去干扰的人，就像画家手中一张干净的纸，更能画出美妙的图画来。因为是崭新的开始，就需要付出全部的努力，需要认真地对待，需要一丝不苟地去应对每一个环节和细节，这样往往更能把事情做好。

生活中的得与失，从容应对

有这样一种说法，世间的人潮熙熙攘攘，其实所为的也不过是两个字，一个是"名"，一个是"利"。人有名利之心说起来也不是什么坏事，以正常的途径追求名利，可以促进个人的发展和社会进步。只是凡事不可做过，如果总是在现实中的得失面前斤斤计较、战战兢兢，就有失大将风度，自己的内心也难得安乐。

心理学中有研究证明，凡是对各种利益太能算计的人，实际上都是很不幸的人，甚至是多病和短命的。这是因为一个太能算计的人，通常也是一个事事计较的人。无论他表面上多么大方，他的内心深处都不会坦然。太能算计的人，也是太想得到的人。而太想得到的人，很难轻松地生活。往往还因为过分算计引来祸患，平添麻烦。

人有所得，就要有所失。该失去的东西就要毫不吝啬，甚至忍痛割爱。得到并不一定就值得庆幸，失去也并不完全是坏事情。

飞速行驶的列车上，一位老人不小心将刚买的新鞋从窗口掉下去一只，周围的旅客无不为之惋惜，不料老人毅然把剩下的另一只也扔了下去。众人大感不解，老人却从容一笑："鞋无论多么昂贵，剩下一只对我来说就没有什么意义了。把它扔下去，就可能让拾到的人得到一双新鞋，说不定他还能穿呢。"

老人在丢了一只鞋后，毅然丢下另一只鞋，这便是成熟而理智的表现。的确，与其抱残守缺，不如舍去，或许会给别人带来幸福，同时也能使自己心情舒畅。

如果计较太多，总想得到很多又无法面对失去，那终究会成为一种生活的负荷与累赘，让你因疲惫不堪而逐渐失去人生的乐趣。如果我们用一颗平常心去对待生活中的拥有与失去，凡事看得淡一点，就会让自己的生活轻松愉快。从一双鞋子的归属到生意场上利益的博弈乃至人生的顺逆，一颗平常心总是难能可贵。

马寅初是我国著名的经济学家、人口学家和教育学家。在新中国建立初期，他向中央提出意见，要求控制人口增长速度。他认为，在中国960万平方公里的土地上，人口达到6亿刚刚好，不能再无限制地增长下去，如果人口过多的话，人均资源就会越来越少，到时候无论是水资源还是森林资源、矿产资源以及土地资源都将会受到负面的影响。在50年代的中国，人们信奉"人多力量大"，根本不相信马寅初的理论。最后，马寅初的人口论被当成了反革命理论，他本人也被打为右派，被撤去了北大校长、全国人大常委会委员、全国政协副主席等职务。面对这些打击，换作一般人早就一蹶不振、痛苦不堪了。但是马寅初并没有任何的情绪，好像什么事也没有发生一样，回到家里之后还写了一副对联以自勉："宠辱不惊闲看庭前花开花落，去留无意漫观天外云卷云舒。"

中国有句古话叫作"仁者寿"，一个仁者能够长寿的原因不是别的，而在于他有一份宽广的心胸，能够正确对待生活中的起起落落。马寅初身居高位时，从来没有为了要保住自己的名位而附和权威，作违心之论。他仗义执言，因此遭到贬斥侮辱，却依然坦然面对，不以物喜不以己悲，最终成为了笑到最后的人。

每个人的生命历程都是在舍与得、苦与乐、成与败的循环交替中走过的。生活中不可能处处存在鸟语花香、阳光明媚，还会有乌云密布、狂风怒吼的时候，难免要遇到一些挫折、苦难和失败。当这些不如意突然来到眼前的时候，我们不能悲观、沮丧、痛苦、失望，而是应该保持坚强乐观的心态，用包容和洒脱的心境来面对它。古往今来，能成大业的人，不管是顺境还是逆境，他们往往心态平和，泰然处之。得意时不张狂，失意时不怨恨，这是一种智慧，更是一种境界。

找到自己人生的位置，然后微笑面对

在今天快节奏的商业社会，人们习惯于紧张，终日在紧张中生活，他们的脸孔，在不知不觉中抽紧了，显得死板、毫无生气！当大家都忘记了怎么笑的时候，微笑变得更加难能可贵。

人间有很多艰难困苦，能接下来、撑下去才是本事。有挫折痛苦自己稀释消化，把开心愉快的一面展示在人前，如此，才有可能照亮别人的心情，同时也照亮自己前面的路。

成龙是香港影坛大哥级的人物，他的成就举世瞩目，但他的成长历程却是充满艰辛苦难的。

成龙原名陈港生,因为他是在香港出生的,所以取名"港生"。成龙6岁多就被送到京剧泰斗于占元处寄宿学艺。一年后他的父母因为生计关系去了澳洲,只留下成龙一个小孩子在香港。

据成龙后来回忆:他跟随于占元师傅学艺的时候,60来个小朋友挤在一起食宿,共同使用一个洗手间;他们是不刷牙的,因为没有时间;穿的鞋一个星期也不脱下来,恶臭难当;每个孩子头上都长满了癞痢疮;他们好像孤儿一般,每隔若干时间就排队去领取红十字会分发的那些米、奶粉等救济品。

于师傅是位"严师",奉行棍棒教育的宗旨,对他的学生,每个都打,天天都打,只有过年过节时才稍微"收手"。

17岁,成龙正式满师。他回忆说,刚满师时,在潜意识中对父母有点不高兴,他们为什么到澳洲去了不理我?其他师兄弟,每个星期,至少也在两个星期内,就有家人来探访,带他们出去,而我则没有。

这种潜意识的怨恨感、被遗弃感,会令一个人产生自卑而终生被压得透不过气来,可能会整天自怜自悯、怨天尤人,但成龙没有这样。那时的成龙是一个乐天派的少年,在他早期出演的《笑拳怪招》《师弟出马》等影片里,成龙以自己阳光灿烂的笑脸,打造了自己独创的谐趣功夫片,给观众带来笑声的同时也成就了自己。

和蔼可亲的表情、言语会给人带来好运。一个人快乐与否并不在于你拥有什么、你是谁、你处于何种地位、你在做什么,只要你笑口常开，和善待人，就能获得别人的信任和拥戴。

三百六十行，不论你干的是哪一行，笑脸都是帮助你打开幸运之门的钥匙。当老板，是与人打交道的事业，微笑的效果更是不容轻视。

与商人打交道，你会发现他们总是露着一副笑脸，不管生意是否做成。甚至当为合约而发生不同意见时，他们也总会以笑脸说出其否定的态度。有时对方发脾气，或是双方不欢而散，他们还是会客气地说声再见。要是第二天他再遇上你，仿佛没有过不高兴那回事，他仍以笑脸相迎，问候你"早上好"。这种开放和善的态度，很容易把对方吸引住。认真领会这一道理，把人与人的关系处理好，成为他们事业成功和发财致富的一种技巧。即使在他们有能力站在财富金字塔的顶端，从某种意义来说已经掌控了世界时，他们也一直保持着一贯笑容。

在近年的一期"福布斯"排行榜上，拥有迪奥、路易威登、纪梵希等众多著名品牌的法国富豪贝尔纳·阿尔诺，笑得像一匹看见猎物的老狼；谷歌的创始人谢尔盖·布林和拉里·佩奇，笑得像两个逃学成功的顽童；澳门赌王何鸿燊笑得豪放；中国内地民营企业的"长青树"鲁冠球笑得含蓄；东山再起的史玉柱笑得傲气。同时，美国的总统在微笑，中国的政府首脑在微笑。他们脸上的笑容，是强势、胜利的标示，宣示着自己无比的自信。

对于真正的成功者来说，笑脸不仅是他们用来示人的表象，也代表着他们强大的内心，与笑脸相匹配的，是他们言行举止上的挥洒自如。

马云是IT业的第一人,近几年他又化身段子手,给大家带来很多的小欢乐。这里面有他轻松的自嘲:

我向哈佛大学递交过10次入学申请,每次都毫无例外地被拒绝。这些被拒绝的经历对我人生的影响就是——我习惯了被拒绝。

我的英文名是怎么来的?一位来杭州旅游的女士对我说,"马云"太难拼了,她说,我老爸和我老公都叫Jack,不如你也叫Jack怎么样?我就成Jack了。(比小明还随意……)

有他对自己管理经验的调侃:

改变世界不如改变自己。让员工高兴,员工才能让顾客高兴。阿里成功的秘诀:我们有很多女人!

商场如战场,但多亏了我学了太极,你打我上面,我就攻你下面。

有他对商业成就的漫不经心的骄傲和自豪:

我们的IPO挺小的,才250亿美元。

成功者自己在笑,也肯对这个世界微笑,那心里的微笑和坦然也会自然而然地流露出来,成为一个人表情的基调。于是我们便看到,那些成功人士往往都是一副怡然自得、心平气和的样子,很少有急躁、抱怨和嫉恨的情绪,因为他们拥有可以把握自己命运的自信,有着可以纵横四海的能力,有着维系一个人尊严的必要的权力。

成功与笑脸是亲密兄弟，我们可以这样说：是成功缔造了笑脸，是笑脸延续了成功！

失败不可怕，承认它然后去战胜它

失败是什么？没有什么，只是更走近成功一步；成功是什么？就是走过了所有通向失败的路，只剩下一条路，那就是成功的路。

失败的过程就是一个学习的过程，是一种宝贵的人生资历。无论你有多少关于成功的知识，最终都是纸上谈兵，失败的教训却不同，它能使你更为清晰地认识自身的长短和周围的世界，一个人从失败中学习到的人生经验，会给人留下更深刻的印象，更能使人警醒。

五只骆驼在沙漠里吃力地行走，它们和主人率领的驼队走散了，前面除了黄沙还是黄沙，一片茫茫，它们只能凭着最有经验的一只老骆驼的感觉往前走。

不一会儿，从它们的右侧方向走出一只精疲力竭的骆驼。原来它是一周前就走散的另一只骆驼。四只年轻的骆驼轻蔑地说："看样子它也不是很精明啊，还不如我们呢！"

"是啊，是啊，别理它！免得拖累咱们！"

"咱们就装着没看见，它对我们可没有什么帮助！"

"看那灰头土脸的样子……"

四只年轻的骆驼你一言我一语，都想避开这只骆驼。老骆驼终于开腔了："它对我们会很有帮助的！"

老骆驼热情地招呼那只落魄的骆驼过来，对它说道："虽然你也迷路了，境遇比我们好不到哪里去，但是我相信你知道往哪个方向是错误的。这就足够了，和我们一起上路吧！有你的帮助我们会成功的！"

是的，失败的人并不是一文不值，相反，他们拥有很多经验，因为他们知道哪个方向是错误的。我们应该时刻提醒自己，即使真的失败了，也不必瞧不起自己，记住"失败也值钱"这句话。从物质上来说，失败能够让你避免同样的错误，也就避免了莫须有的损失；从精神上来说，失败让你更加坚韧、冷静、谨慎……这些是金钱根本买不到的财富。

松下幸之助素有"经营之神"的美誉，但他并不是一个幸运儿，他成长的道路非常坎坷，然而正是这些不幸的经历塑造了他坚韧和乐观的性格。

1910年，松下幸之助到大阪一家电灯公司做学徒工。他以自己的诚实和勤快赢得了公司的信任，公司揽下的重要工程基本都有他的参与，这让他开拓了眼界，也让他积累了丰富的经验。在这段时间之内，他经过调查，对当时的插座进行了改良，并让它用起来更为方便，但是随着他一个个精心准备的方案被否决之后，他产生了独立经营的想法。

1915年春，松下幸之助与井植梅野小姐喜结连理。结婚以后，松下幸之助独立经营的想法越发强烈。改良插座的想法屡屡被否决，让他下定决心：辞去工作，独立经营插座生意，就这样他成立了松下电器公司。

今天的松下公司闻名世界，但松下幸之助刚开始创业的时候，恰恰遇到第一次世界大战爆发，物价飞涨，他手里的资金只有区区的100元，其中的困难可以想象。公司成立之后，最初的主打产品是灯头和插座，当费尽大量的人力和物力之后，造出来的产品却因销售不良而导致公司难以经营，同事们先后离开了他，松下幸之助绝望到了极点。但是他积极的心态和不服输的韧劲再次让他充满了信心和激情。他鼓励自己说："再下点功夫总会成功的。"皇天不负苦心人，在他的努力经营下，公司逐渐有了转机，直到六年后公司生产出一个像样的产品也就是自行车前灯时，公司才慢慢地爬出了经营不善的泥沼。

我们应该知道，成功不可能一蹴而就，不管什么计划，都会有一段除了等待和忍耐以外，再也没有任何办法通过的时期。最危险的是，在这期间，我们很容易灰心。放弃必然导致更彻底的失败，而总结经验从头再来，总会找到解决的方法。

对很多人来说，"失败"这个词有一种结束的意味，然而对于胸怀大志的人来说，失败是个开始，是重新努力的跳板。无论你已经失败了多少次，只要最终赢多输少，我们所拥有的依然是成功的人生历程。

第三章 运筹帷幄，高效工作就能实现时间自由

　　所谓的时间自由，就是相对自由地支配自己的时间。对一位老板来说，就是在高效地做好工作之余，有相对较多的时间用于学习、娱乐与休闲。时间自由能给你生命的尊严，让你活得更加充实快乐。

　　要赢得时间自由，就要懂得时间管理，提高工作效率。

想一想你需要的时间自由是什么样的

时间——是物质存在的一种形式,是由过去、现在、将来构成的连绵不断的系统。

时间给每个人每天都是24小时,但为什么有的人过得紧,有的人过得从容,有的人虚度光阴,而有的人创造价值?总有一种做法,能让你在同样的时间里,过得从容而又能创造价值,让你与时间和谐相处,感觉到时间的自由。

是不是一天什么都不要求你做就是时间自由了呢?是不是有钱了后,你不用工作也足够花几十年就是时间自由了呢?答案是:未必。

无所事事的生活不是时间自由,街头的流浪汉冬天晒晒太阳,夏天找树荫乘乘凉,每天浑浑噩噩,这不能算是时间自由;没有创造力的生活不是时间自由,那些缠绵病榻的老人,每天大把的光阴无处打发,但是缺少未来缺少梦想,这也不能算是时间自由。真正的时间自由,首先体现在时间的均衡分配上。

我们可以画一个圆,涂上不同的颜色代表你的现实生活:黑色代表事业与成就;红色代表家庭与社会交际;黄色代表休闲与健康;蓝色代表人生的意义与价值。彩色照片就是由这4种颜色组成的,缺少任何一种颜色,照片都会变成暗淡的灰色。你的生活也同样是这样的，缺少了任何一个组成部分都会导致严重的失衡，使你失去幸福的感觉与生活的乐趣。

要获得快乐圆满的生活，我们的时间应该在这四个方面寻求平衡，每个方面都会成为其他方面的支持与调剂，你的生活也会变得绚丽多彩。当然，平衡不意味着绝对的平均，能够兼顾各个方面就可以了。

老板们劳心劳力，要在忙碌中获取时间自由，一是要争取时间，二是要掌控时间。

时间对任何人、任何事都是毫不留情的，从这点上说，时间是专制的。时间可以毫无顾忌地被浪费，也可以被有效地利用。我们所说的争取时间，就是树立正确的时间观念，做什么事情时都要考虑时间成本。

20世纪80年代中期，改革开放的前沿深圳蛇口提出"时间就是金钱"的口号。事实上，人们对于"时间就是金钱"的认识由来已久，我国唐朝学者李肇的《国史补》一书中讲了这样一个故事：

在崎岖不平的山间小道上，一辆载着瓦瓮的驮车打滑不前，使得后面几十辆货车受阻。这些货车必须在半小时内赶到前方一座小镇，否则，一笔生意就要"泡汤"。因此，大家都十分着急。这时，货主刘颇上前询问："车上的瓦瓮共值多少钱？"答道："七八千。"刘颇略加思索，便叫随从给瓦瓮主如数付了款，然后和众人一起，将瓦瓮全部推下了山崖，使几十辆货车得以顺利通过。

无论什么时代，做生意必须要有强烈的时间观念，必须懂得时间就是金钱，因为时间会从多方面显示出其价值。

时间远不止是商品和金钱，时间是生活，是生命。所以，商人们很乐意花钱在能提高效率的任何事情上，买到了效率，就等于买到了时间。钱可以再赚，商品可以再造，可是时间是不能重复的。因此，时间远比商品和金钱宝贵。

在今天快节奏、多变化的经济社会中，要在竞争中立于不败之地，就不能慢条斯理，而是必须珍惜时间、提高效率，使竞争的对手防不胜防，难以应付。为了保证不被别人以速度战胜自己，我们必须让自己真正紧张起来，在有限的时间内，创造出最大限度的价值。

除了树立时间至上的观念，懂得"抢时间"的重要性，我们还要有效地利用时间，这就要求我们学习时间的管理。

乍看起来，"时间"与"管理"其实是自相矛盾的。时间的流逝不受任何人的控制，时间对每个人都是绝对公平的，它不可能为你走慢一分一秒，也同样不会按照你的意愿跑快一些。谁都不可能比别人拥有更多的时间，时间也不能储蓄。尽管时间只是一种客观的存在，但是不是善于管理时间，结果是大不相同的。比如，有两个能力相仿的人同时开始一天的工作，一个人事先经过统筹安排，按轻重缓急来逐步处理每项工作；另一个人没有规划，做起事来胡子眉毛一把抓。结果肯定是前者效率高而显得时间充裕，后者看起来也很努力，而工作成果却不尽如人意，时间拖得越久，工作带来的压力就会越大，整个的生活节奏也会被打乱。

所以说管理好自己的时间是获取时间自由的必要前提。每天都安排好日程表、随身携带备忘录、合理安排做事的先后次序，诸如此类的精心计划、合理安排会让你的时间"增多"，有余力去关注亲密的夫妻关系、和睦的亲子关系、密切的朋友圈子，还有你自己的身体与心理健康。

有了自由时间，将时间用在有意义的事上，从而有更大机会创造出有意义的人生，这即是对时间的把握。愿你的时间自由，播下善的种子，开出美丽的花儿，结出幸福人生的果子。

找到让自己做事情更有效率的方法

我们的每一年有365天，每一天有24个小时，这对每个人都没有什么差别。如果想实现时间自由，最有效的途径就是多做事、多成事。工作时间有效率，那么相对来说就可以把节省的时间用来作一些更自由的安排。

艾维·李是现代公关之父，他认为应该计划好每天的工作，这样才能带来效益。

一天，伯利恒钢铁公司总经理西韦伯，为自己和公司效率低下而十分忧虑，就找艾维·李提出了一个不寻常的要求：要李卖一套思维给他，告诉他如何能在短短的时间里完成更多的工作。

李说："好！我十分钟就能教会你一套至少可以提高50%效率的方法。把你明天要做的最重要的工作记录下来，按重要程度依序编排。早上一上班，马上从第一项工作做起，一直做到完成为止，再检查一下你的安排次序，然后开始做第二项。如果一项工作要做一整天，也没有关系，只要它是最重要的工作，就坚持做下去。如果你不建立这种制度，恐怕连哪项工作最为重要也很难以决断。请你把这种方法作为每个工作日的习惯做法。你自己这样做之后，让你公司的人也照样做。你愿意试用多长时间都行，然后送支票给我，你认为这个办法值多少钱就给我多少。"李给了西韦伯一张纸说。

西韦伯认为这个思维很有用，不久就填了张25000美元的支票给李。后来西韦伯的朋友问他为什么给这样简单的点子支付这么高的报酬，西韦伯提醒他的朋友注意："后来的事实证明，我不是给多了，而给少了，它至少价值百万。这是我学过各种所谓高深复杂办法中最得益的一种，我和整个团队每日拣最重要的事情先做，我认为这是我的公司多年来最有价值的一笔投资！"

艾维·李的方法告诉我们，做任何事情都要有计划性，要分清轻重缓急，然后全力以赴地行动，这样能更好地获得成功。

这一工作方法，即是"优先计划工作制"。它要求把每天所要做的事情按重要性排序，分别从"1"到"6"标出6件最重要的事情。每天一开始，先全力以赴做好标号为"1"的事情，直到它被完成或被完全准备好，然后再全力以赴地做标号为"2"的事，依此类推。以我自己的经验来看，这个方法非常有效。每天早晨活力充沛，我会集中收发邮件，用电话敲定事情，正在执行中的项目按计划推进；中午思绪相对迟钝，一般安排一些走访或者沟通与协调的活动；下午会根据情况修正进行中的项目，思考问题，计划下一步工作；晚上属于个人时间，陪伴家人，适当进行一些休闲娱乐活动，每晚抽出30—60分钟写作，把自己的体验和经验跟更多的人分享。

当然，每个人的工作内容和工作模式都不尽相同，你可以根据自己的现实状况来制订更适宜的时间分配计划。其中有个大原则是：在单位时间内做更重要的事情。这就需要你分清事情的轻重缓急。首要的问题是，你要决定什么事情是重要的，什么是不重要的。

重要的事情往往都与工作的目标或者企业的目标有关，也可以是与个人的目标相关。凡是有利于工作价值的增长，有利于工作目标的实现，有利于人生幸福的事情，都可以认为是重要的事情，把这些事提上日程，立即着手去做。

凡事都要及时处理，优点是显而易见的，比如，当你收到一封邮件时，看完后应立刻写回信，如若拖后几天，写回信时就要再读一次原信，也就又浪费了一次时间。如果有事非得作决定，便立刻作出决定。脑海中一旦闪现出对工作有用的想法和主意，要马上动手记下来。无论什么事，"再来一次吧"都会造成时间的浪费。对于生活中那些繁杂的事务性问题，都立刻动手做才是上策。

为了更好地提高工作效率，我们还可以根据以下的细则来控制自己的步调。

你可以制作一个工作卡片，在这张工作卡片上，第一栏是一天所需要完成的事情，第二栏是一天实际完成的事情。两栏相比较，我们就可以发现自己在什么事情上面浪费了时间，以此来加强自己的时间感。

要控制完成一件事情的时间，这就要求我们预设好完成一件事情的时间，也就是在工作卡片上写下你所要做的每一件事情所需的时间，这样可以加强你工作的节奏感。

同时，你应要求自己一次就把事情做好，不要留下其他残余的东西，更不要使工作留下缺陷，等待下次再抽时间来解决。你只有在做第一件事情时100%地做好，才能够给第二件事情100%的时间。

按照效率原则去安排你每天的工作，形成良好的工作习惯。一天一个新开始，合起来就是一大步，低能和高效之间距离，正可以由此跨越。

不相干的人和事很容易拖沓你的时间

　　一个人的一天永远只有24个小时，有的人可以过得很从容，有的人却常常把自己弄得凌乱不堪。回想一下，你每天的时间除去用来工作、学习和进行自己真正喜欢的休闲娱乐活动，是不是还有大把的时间被不相干的人和事"被动"地消耗了？所谓"没有时间"只是个蹩脚的借口，有没有时间都是你自己选择的结果。

　　那么，究竟是什么因素让我们的时间虚耗呢？

　　戴里克是一家传媒企业的老板，这些天他总是感觉整个人充满了紧张、焦虑的情绪，工作时间过长时，还会出现头晕头痛的状况。在医院查不出什么毛病，无奈之下他去找心理医师作咨询，希望可以得到帮助。

　　听戴里克讲述了自己的情况，心理医师建议他改变一下工作习惯，能立即处理的工作，就不要积压在手头；清理办公室，分类处理抽屉里的文件。

　　戴里克回到办公室，亲自动手进行了彻底的清理。6个星期后，他邀请心理医师到他的办公室参观。戴里克改变了，办公桌上非常整洁。他打开抽屉，里面没有任何待办的文件。

　　"6个星期以前，我有两间办公室，三张办公桌，"戴里克说道，"到处堆满了没有处理完毕的东西。跟你谈过之后，我回来清除掉了一货车的报告和旧文件。现在我只留下一张办公桌，东西一来便处理妥当，不会再有堆积如山的待办事件让我紧张烦恼。最奇怪的是，我已不药自愈，再不觉得身体有什么毛病啦！"

我们大多数人都有这样的经验，影响时间效率的往往并不是那些难度大的或者重要的事情，而往往是一些烦琐小事，诸如寻找文件等。据统计，一般公司职员每天要花2~3个小时寻找乱堆乱放的东西。每年因东西摆放不整洁和无条理，将浪费近20%的时间。

而真正高效的人，是没有这方面的困扰的。他们从来不显出忙乱的样子，做事非常镇静。别人不论有什么难事和他商谈，他们总是彬彬有礼。在工作场合，他们寂静无声地埋头苦干，各样东西安放得有条不紊，各种事务也安排得恰到好处。因为工作有秩序，处理事务有条有理，所以就不会浪费时间，不会扰乱自己的神志，办事效率就很高。

人的情绪是会受周围环境影响的，当你理顺了工作，神清气爽地开始每一天的时候，你会发现，自己的头脑清晰了，效率提高了，那种因为工作而产生的无名之火也会消失不见。

侵占了我们大把时间的，除了在琐事上的无用功，更多的是人事上的侵扰。生活是复杂的，每个人都有社交圈子，都有亲朋好友，还包括一些亟须与你或者你的企业建立关系的人，这里面有正常的社会交往，也有让人烦恼无穷的干扰。完全回避这些是不现实的，但是对于一个想干事业的人来说，必须分清事情的主次：哪些是需要做的，哪些是不需要做的，哪些事关照一下就行，哪些事干脆应该放弃……我们不可能把所有的事情都一个人做完，一个人要学会调整自己，要懂得有所拒绝。有些事情不值得为它去耗费时间，如果不值得，那么就干脆放掉它，不去做无谓的应酬。万一遇到自己能力范围之外的事，那就集思广益，找别人一起对付它。如果你把时间安排得很好，就可以为自己去做最重要的事留下充足的时间和精力。否则你就是一个不能驾驭时间的人，并会因此而使自己的梦想成为泡影。

在我们为自己繁乱的生活修枝剪叶从而不让时间虚耗时，会发现有一些时间的浪费是无可避免的。在人人喊忙的现代社会里，一个越忙的人，时间被分割得越厉害，无形中时间流失也相对更迅速，诸如等车、候机、对方约会迟到、旅程、塞车……这些情况都必须"等"。在等待的过程中，如果你急切焦虑，大好时光才是真正被你浪费了。如果我们抱着既来之、则安之的态度，心情就会舒缓下来。趁着等待的间隙，还可以见缝插针，做一些平时想做而一直没有机会做的小事情。

（1）打电话：趁着空当，拿出通讯录专挑多年不见的老友问候，想到对方那种"被记得"的感动，就算长途电话都值得（机场候机最适合）。

（2）阅读浏览：听听演讲录音带、音乐或看看书籍，既可调节身心又可增广见闻。在随身的文件包里可以放一件上述的这样的"装备"，让它们陪伴你，无聊的时光也会变得有趣有益。

（3）检视备忘录：常常赶场的人一定要习惯抓住机会反复翻阅行事日历，以免因大意而遗忘一些小事或约会。"等"本身的紧张性其实是很专注的，只要习惯，绝对是做计划、策划的好时机。

（4）观察：生活的体验由观察开始，难得被迫偷闲，反正要等，干脆放松心情观察周遭的人和事，没准儿可以看出新的流行趋势，甚至对人生有新的领悟。

如果我们可以在各种"被迫"塞给自己的空闲里，让自己换换脑子喘口气，虽然不会有什么太精细的安排，但也可以因而提升生活的质量，更重要的是，也可以恢复你的大脑思维能力，增强创新力与思考力。

"有效的时间管理，就是一种追求改变和学习的过程。"有时候，一些小小的改变，也可以给我们带来令人欣喜的结果。

把零散的时间利用起来

所谓零碎时间，是指不连续的时间或一个事务与另一事务衔接时的空余时间。这样的时间往往被人们忽略过去。而许多事实却证明，一个人是不是善于管理自己的零碎时间，产生的结果有很大的差别。

在日常工作中人们往往把"应该"花费的时间看成是实际已经花费的时间，而这两者往往是不相等的两个量。如果有人问一位老板："您今天上午做了什么，花了多少时间？"他说："起草报告花了4小时。"其实，在这4小时中，他喝茶、抽烟花费了

18分钟，中途休息了两次，花费了23分钟，与同事聊天，花费了27分钟，接3次电话，花费了5分钟，这样总共花费了73分钟，实际上真正用于起草报告的时间只有2小时47分钟。可见浪费掉的时间是多么惊人。

零碎时间短，但日复一日地积累起来，其总和将是相当可观的。凡在事业上有所成就的人，几乎都是能有效地利用零碎时间的人。

时间像水珠，一颗颗水珠分散开来，可以蒸发，变成烟雾飘走；集中起来，可以变成溪流，变成江河。而这集中的方法之一是用零碎的时间学习整块的东西，做到点滴积累、系统提高。

诺贝尔奖金获得者雷曼说过："每天不浪费剩余的那一点时间。即使只有五六分钟，如果利用起来，也一样可以产生很大的价值。"利用零碎时间，要掌握下面几点技巧。

（1）嵌入式：即在空白的零碎时间里加进充实的内容。人们由某种活动转向另一种活动时，中间会留下一小段空白地带，如到某地出差时的乘车时间，会议开始前的片刻，找人谈话的等候时间等等。对这种零碎的空余时间应该充分加以利用，做一些有意义的事情。

（2）并列式：即在同一时间里做两件事，例如，做饭、散步、上下班的路上，都可以适的一心两用。不少人在下厨房做饭时，仍能考虑工作问题；有的还会准备好笔和纸，一边干活，一边构思，对工作有什么新的想法，马上就记录下来。

（3）压缩式：即延长自己某次活动的时间，把零碎时间压缩到最低限度，使一项活动尽快转为另一项活动，免去很长的过渡时间。

不要小看这几分钟、几十分钟的时间，我们来看看这些零散时间具体可以做什么事情：

5分钟：为使你困扰的工作写一个任务清单或核对清单——它将马上让这工作看起来是容易处理的。清理垃圾邮件——那些你可能永远都不会打开的邮件，毫不犹豫地删掉它们！

10分钟：整理你的桌面——将文件按项目放入文件盒，扔掉那些没有用的；回复一些简短的邮件。

20分钟：写一个工作大纲，核对一些实际情况；打一些被你推迟了的工作电话。

时间的长短，决定于使用时间的程度。在同样的时间里，有的人做的事多，有的人做的事少，这样时间就有了长短的区别。只要你养成珍惜每一分钟的习惯，这样累积下去，就会产生出好的结果来。

珍惜时间，要从今天做起。因为昨天已经过去，就算惋惜也无法追回；明天尚未到来，与其坐待，不如奋起；而今天就在眼前，抓住了今天，既可以弥补昨天的不足，又可以提前迎接明天的朝阳。我们要珍惜每一个"今天"，尽量压缩生活中每一分钟的"时间开支"；每当翻开日历的时候，要意识到不能让崭新的这一页成为空白。

做一个能够高效管理时间的人

"盛年不重来，一日难再晨。及时当勉励，岁月不待人。"这是东晋诗人陶渊明的诗句，它提示人们光阴易逝，当以奋发自勉。的确，人生之盛年总是难留。有人统计，如果一个人活到85岁，他是60岁退休的，20岁从学校毕业，他中间40年工作期是这样安排的：睡觉14年；工作12年；吃饭4年；旅行2年；学习3年；开会半年；找东西半年；会朋友2年；排队1年，其他1年。人的生命是有限的，我们不能绝对地延长寿命，但通过时间管理，则可以相对地将生命"延长"。

平时经常会有很多人抱怨"最近很忙""我几乎没有时间用来娱乐"，或者是"我已经好些年没有去过电影院了"。我们中间的很多人都有这种毛病，其实在很多时候，并不是没有时间，而是人们不懂得如何管理时间。有些人总是口口声声地说"等我有时间的时候""等我闲下来的时候"……结果怎样呢？他可能一辈子也等不到空闲的时间，他可能一辈子都没有真正地享受到生命。

我们提倡：工作的时候，我们全力地工作、创造财富；生活的时候，我们尽情享受、营造欢乐。不虚度时光，让自己的生命更有价值，更有意义。让自己的时间过得充实高效并不是难以达成的目标，这需要我们从调整自己的时间规划、养成良好的习惯开始。

管理时间的第一个"早"字，是"早睡早起"，一日之际在于晨，有时间管理大师提出过"神奇三小时"的概念，鼓励人们自觉地早睡早起。每天早上5点起床，这样可以比别人更早展开新的一天，在时间上就能跑到别人的前面。利用每天早上5~8点的"神奇的三小时"，你可以不受任何人和事干扰地做一些自己想做的事。每天早起三小时就是在与时间竞争，你必须要有恒心，养成早起的习惯，以后你会受益无穷。

"神奇的三小时"并没有剥夺我们的睡眠时间，它只是将晚上10点至午夜12点这段通常用来看电视、看报纸、娱乐、应酬的时间，用于睡眠；而早上5~8点这段本来用作睡眠的时间，则用来做一些更重要的事情。

管理时间的第二个"早"字，是提早作准备。

我们做每件事，只有事先做好相关的准备工作，到时才不至于手忙脚乱，才能把事情圆满地做好做完善。有了第一天的短短几分钟的准备过程，你就能对第二天的工作有充分的认识，这样就知道第二天哪件事最重要，哪件事是应该最先做的，就能知道做事的轻重缓急和先后次序。所以，不要对昨天的几分钟的准备不以为然。相反，如果你在工作中无视"准备"，事前准备不充分，事后就会麻烦多多。比如：你昨天少花几分钟时间做准备工作，可能会导致你今天忙而无序，而且不能顺顺利利地完成工作；或许你昨天少花了几分钟对谈判资料及相关文件加以熟悉，可能会导致你在第二天的谈判中陷入不利的局面。凡事作好准备，每一天都可以很轻松地达成你的目标。所有成功的人，都是凡事有准备的人。

总而言之，我们要做时间的主人，就要高效率地支配时间，这样，我们就能真正地掌握自己的命运，并且提高自己的生活和工作质量。

高效支配时间，大前提是做事情可早不可拖，可提前预计不可盲目展开。一些成功者管理时间的秘诀，可以为我们更加合理地控制时间。

1.培养良好习惯：办公用具、文件整洁有条理，拿东西养成哪里拿、哪里放的习惯。

2.设立期限：设立完成任务的最后期限，并且要求自己严格遵照计划完成工作。这样可以帮助我们克服犹豫不决和拖延时间的习惯。

3.统筹安排：相似的任务可以集中放到工作日的某一个时间段完成，这样可以减少工作中的中断，节省资源的利用，提升效率，降低个人的精力消耗。

4.抓大放小：对总目标无价值的日常事务应该尽量减少，集中一次完成、交给别人做或者尽可能减到最少。

5.随时放下：不把时间浪费在惋惜失败上，如果经常为某些事情的失败而惋惜，这本身就是浪费时间，而且会造成心理上的压力。

浪费时间叫虚度，利用时间叫生活。会管理时间的人永远不会喊忙,他的生活方向自己心里非常清楚,他知道自己该在什么时间做什么事情。

每天留出思考和整理的时间很重要

珍惜时间,学习利用时间,这并不是说把自己每天的日程都安排得满满的。现实生活中,衡量一个人成就的标尺不在于他工作了多长时间,而在于由他所创造的价值。工作没计划、缺乏条理的人,大量的体力和精力都是白白浪费掉的。

请你认真观察一下地上的蚂蚁,它们是地球上最勤劳的昆虫之一了,虽然精神可嘉,但是方法有待商榷。比如:很多时候,它们都是在围着一条蚂蚱的大腿团团转,或者各自为政,东拉西扯。就像那些时时都在忙碌的蚂蚁一样,很多人的责任与方向不明确,一生都在为干活而干活。他们在闹钟的铃声中起床、吃饭、工作、回家,从一个地方逛到另一个地方,事情做完一件又一件,好像做了很多事,却很少有时间追求自己真正想完成的目标。

有一天深夜,著名的现代原子物理学的奠基者卢瑟福教授走进自己的实验室,看见一个研究生仍勤奋地在实验台前工作。

卢瑟福关心地问道:"这么晚了,你在做什么?"

研究生答:"我在工作。"

"那你白天做什么了？"

"我也在工作。"

"那么，你整天都在工作吗？"

"是的，老师。"研究生有点暗喜，似乎期待着卢瑟福的赞许。

卢瑟福稍稍想了一下，然后说："你很勤奋，整天都在工作，这自然是很难得的。可我想提醒你的是，你有没有时间来思考呢？"

"学而不思则罔"的概念可以用在治学上，也可以用在做事上，每天不经大脑地忙忙碌碌，换来的只能是浑浑噩噩，一无所得。这些人还有一个通病，那就是不容易集中注意力。要他们全神贯注地去做一件事情，哪怕只有一小时，都是痛苦的。碰到任何一件事情，他们都是依照最初所接受的消极信息来解释，而不去换一种方式思考。时间一长，他们对事情的认知程度就永远停留在了最原始水平上。

在人生的旅途上，不仅需要勤奋和坚韧，还需要清醒的头脑，需要理智的经营。在你行进的过程中，不要只凭着一种惯性向前走，停下来，认真总结得失，才能避免更大的伤害。没有思考，就不会有符合客观事实的总结，就像一辆没有站台的火车一样，完全失去了行驶的意义。

有一次，在高尔夫球场，大演说家罗曼·V.皮尔在草地边缘把球打进了杂草区。有一个青年刚好在那里清扫落叶，就和他一

块儿找球,这时,那位青年很犹豫地说:

"皮尔先生,我想找个时间向您请教。"

当皮尔问他有什么问题时,他说:"我也说不上来,只是想做一些事情。"

"能够具体地说出你想做的事情吗?"皮尔问。

"我自己也不太清楚。我很想做和现在不同的事,但是不知道做什么才好。"他显得很困惑。

"原来如此,你想做某些事,但不知道做什么好,也不确定要在什么时候去做,更不知道自己最擅长或喜欢的事是什么。"

听皮尔这样说,他有些不情愿地点头说:"我真是个没有用的人。"

"哪里。你只不过是没有把自己的想法加以整理,缺乏整体构想而已。"

皮尔建议他花两星期的时间考虑自己的将来,并明确决定自己的目标,用最简单的文字将它写下来。然后估计何时能顺利实现,得出结论后就写在卡片上,再来找自己。

两个星期以后,那个青年显得有些迫不及待、至少精神上看起来像完全变了一个人似地在皮尔面前出现。这次他带来明确而完整的构想,已经掌握了自己的目标,那就是要成为他现在工作的高尔夫球场经理。现任经理5年后退休,所以他把达到目标的日期订在5年后。

他在这5年的时间里确实学会了担任经理必备的学识和领导能

力。一旦经理的职务空缺，没有一个人是他的竞争对手。

现在他的地位变得十分重要，他成为了公司不可缺少的人物，过得也十分幸福，非常满意自己的人生。

在你为确定不了自己的人生方向而感到迷茫的时候，应该仔细地思考一下这些问题：自己想做什么？想过怎样的生活？自己和别人、社会想保持怎样的一种优势关系？在哪种状态之中自己会感到最满意？

找到了方向，你的时间与精力就有了一个明确的发力点。这可以使你免于成为琐事的奴隶，全神贯注于自己有优势并且会有高回报的方面，从而最大限度地发挥自己的潜力。

第四章 承担责任，合理定位自己的团队角色

当老板，代表着你要对公司的经营和员工负责，如果是有卓越成就的大老板，就意味着要承担更多更重要的社会责任。对于我们每一个社会人，责任是重荷也是人生的压舱石，它使我们的生活旅程因有所依持而更加稳健，因为担当带来的自豪与信心，也将成为我们最持久的快乐之源。

一个好老板要做好这三种准备

"凡事预则立，不预则废。"我们做一件事情之前，首先要作好全方位的准备，只有各项准备做到位、规划好、落实好，才能够为下一步行动的展开打好基础，从而将我们的事业纳入健康、稳定发展的轨道。那种只凭感觉做事，盲目追逐社会热点的做法，是创业者的大忌。

想当老板不是坏事，却不可急于求成，以一种浮躁的心态去开展自己的事业。

某卫视台曾请了几位声名赫赫的企业家和社会学者做节目，现场气氛非常热烈，听企业家们阐述了自己的成功之路后，一位青年人在那里阐述自己的梦想："我很快就要毕业，但我不愿意按部就班，出去找一份工作，为人家打工。我要自己创业做老板，你们的成功经验给了我很大的鼓励……"一位著名企业家为现场的气氛所感染，很激动地发言："我们现在遇到五千年以来最好的历史时期，你们创业的机会比我们这一代更多，你们一定会成功，你们这一代一定比我们这一代强！"这话使青年们听了非常高兴，热烈的掌声经久不息。在座的一位经济学家实在忍不住了，告诉大家，现在的机会是不是比八九十年代多，要看以怎样的标准去衡量。大家应该少一点做老板的心思，多一点学习心态，做老板也得要有经验准备过程。但这大实话没有引起多少掌声，正陶醉在做老板的梦想中的青年们听不进这等不太中听的话。

"现在当老板"的言论痛快淋漓，仿佛决心一下，光明就在眼前了。要是事情这么简单，世间也就没那么多成功与失败的分化了。不要以为只要投资或开了自己的公司，就会有财源滚滚而来。事实上，如果一个人对知识、对财富的认识没有达到一定的高度，他的眼光就会受到局限，他的决策就不会科学，他的行动就得不到强有力的思想指导，只能在市场经济的竞争中落个失败的结局。

当老板是要有准备的。首先你要有充分的心理准备，真正以一位老板的心态去面对将要面临的一切。如果你只是一位打工者，受雇于别人的公司，薪水会有保障；而在个人企业中，即使你已经开始赚钱，也不能确定什么时候能有收入。你需要财务上的周转资金，而且必须存款，以防账款过期未入。这时你将明白"不当家不知柴米贵"的道理，因为现在是花你自己的钱。当你是个打工者时，如果还没有想到下一步要做什么，老板会立刻告诉你。而在个人企业中，你必须每时每刻有着新的决策，决不能有丝毫惰性。打工时即使是放假日，你仍然有薪水，而在自己的个人企业中却没有。一旦你创立自己的企业后，就会明白自己根本不存在休假的机会，你要尽心尽责地为自己的企业工作。

有了老板心态，然后你要对自己现有的一切资源进行正确的评估。一般而言，创业资源主要包括几个方面：

1.创业资金：你要做的事业，要准备多少启动资金以及周转资金，这是最基本的条件。

2.客户资源：你面向的客户是哪些群体，他们的购买力如何。

3.技术资源：你要具备扎实的技术，或者是否拥有高水平的、合适的人才。

4.经营管理资源：你是否具备较好的经营管理能力。

5行业经验资源：你对该行业的资讯以及常识是否作好了充足的了解。

当老板并不一定要全部具备以上的资源，但是起码应当具备其中的一些条件，其他的条件可以在创业的过程中通过市场化方式来获取。比如，如果选择好了行业，其他的资源欠缺也可以弥补；如果有足够的客户资源，其他资源的欠缺也容易改变。

一般来说，应从熟悉的行业入手，这样能够增加成功的概率。因为隔行如隔山，每一个行业都有自己的规律，如果对其全然不知，但又贸然进入的话，就如同走进了一个迷宫，绕来绕去也摸不清方向，看不到出路，处处碰壁，最后难免以失败告终。在资金的流动上，要估计自己的资金状况，看自己能够做多大的事业，有多大能力做多大的事情。俗语说的好：看菜吃饭，量体裁衣。不要做自己力所不及的事。

此外，要当好老板还需要一种准备工作，那就是实际经验的积累。创业之前，创业者一定要明确自己的创业方向。如果创业者瞄准了某一个行业，那么一定要在创业之前先积累一些该行业的经验，搜集相关的资讯，而且最好能够先进入该行业为别人打工一段时间，通过打工的经历，了解行业内部的情况，丰富自己的资源和经验。等到对该行业有足够的了解并且具备了资源与经验之后，在创业的成功率上就会增加几分把握。

创业者作好了应作的准备之后，并不是说就一定能够保证事业的成功，但是万里长征已经有了良好的开端。创业者只有时时刻刻提高警惕，作好迎接困难与挑战的准备，未雨绸缪，才能够将事业越做越大。

你是一个理想主义的企业管理者吗

在生活中，经常会听到这样一句话："我想都不敢想。"试问，如果你连想都不敢想，那你还能去做吗？不去做会有成功的人生吗？只有敢想，才能敢做，才能谈及成功。

成功离不开梦想，梦想帮助你正确地把握未来的发展道路，激活你生命的内在力量。古往今来，那些站在某一领域顶端的成功者，身上都有理想主义的影子。人生漫长，唯有先树立一个远大的目标，使自己的心志坚定起来，才能不被身边的生活琐事所支配，才能不至于在平凡的生活中慢慢成为一个平庸的人。

在晚清的官场上，曾国藩是一个特别的人物，他从"朝为田舍郎"到"暮登天子堂"再到一人之下、万人之上的封疆大吏，一步一个台阶，走得十分稳健。追寻他的成名之路，我们会发现，一种远大的抱负在支撑他的一生。

青年时代，曾国藩经常借诗文以抒发自己的志向，自比于陈平、诸葛亮等"布衣之相"，他十分自信地在诗中表示：一朝孤凤鸣云中，震断九州无凡乡。他相信自己终有一天会如同云中展翅翱翔的孤凤一样，不鸣则已，一鸣则引来九州的震动。

在六弟参加科举考试失利后抱怨自己时运不济时，曾国藩开导他说："君子立志，应有包融世间一切人和一切物的胸怀，有内以圣人适德为体、外以王者仁政为用的功业，然后才能对得起父母的生养，不愧为天地之间的一个完人。因此君子所忧虑的是德行不修炼，学问不精通。所以，当顽民得不到教化时，他们就深深忧虑；当蛮夷入侵中原时，他们就深深忧虑；当小人在位贤才受害时，他们就深深忧虑；当天下百姓得不到自己的恩泽时，他们就深深忧虑。这真是所谓悲天悯人啊！所有这一切才是君子所要忧虑的，至于一己之屈伸，一家之饥饱，世俗之荣辱、贵贱和毁誉，君子从来就无暇顾及。六弟小试受挫，就抱怨命运不济，我私下忍不住要笑你气度太小、志向不高远了！"

心存大志，放眼天下，能使人在做人、做事中比常人更多地具备主动性、紧迫感和自觉性，有了这种意识，才能够经常地将自己的行为与目标进行对照，从而校正人生的方向，矢志不渝地走向前方。

一个人要想获得成功，出人头地，成为生活和工作中的优胜者，就应该首先在心目中确立自己是个优胜者的意识。然后，不管你遇到什么样的挫折或不利环境，这种信念都不能动摇。只以某一阶段成就的高低来肯定或否定自己，其实为时过早。

有一位叫科帕的法国人，是一位有名的管理顾问，人们一走进他的办公室，马上就会觉得这是一个成功人士。办公室内多种豪华考究的摆设、忙进忙出的人流以及知名的顾客的名单都可以告诉你，他的公司的确成就非凡。但是，就是这家鼎鼎有名的公司背后，也藏着无数的辛酸血泪。

科帕创业的头6个月就将数年的积蓄用得一干二净，一连几个月都以办公室为家，因为他付不起房租。就在整整7年的艰苦挣扎中，他没有说过一句怨言，而是自强自立，不依人成事。他总是说："我还在学习啊，这是一个无形的、捉摸不定的生意，竞争很激烈，实在不好做。但不管怎样，我还是要继续学下去。"他真的做到了，而且做得轰轰烈烈。这一切把他折磨得疲惫不堪吗？他说，"没有啊！我并不觉得那很辛苦，反而让获得了无穷受用的经验。"

理想作为一种价值目标，它能够激发人们的意志和激情，产生一种强大的精神动力，激励人们以积极、主动、顽强的精神投身于生活、工作，只有拥有远大理想的人才能对人生抱有积极向上的进取精神和乐观态度,才能对工作抱有无限的热忱。

SOHO中国董事长潘石屹说:"在我看来,理想就是你想让生活变得美好的愿望。有远大理想,又具备务实的行为能力的人,我称之为务实的理想主义者,这是我最敬佩的人,也是我多年来希望达到的境界。我希望从小事做起,有耐心;我做的每一件事,哪怕它再小,都会因被注入了理想而熠熠生辉。"

心有劲,则力无穷。一个人要想做一番事业,就要有坚定的理想来支撑。理想,既是目标,也是过程,更是境界。目标牵引成长,过程充盈人生。一个被眼前美景所吸引的人,难睹山外之山;一个被蝇头利所困扰的人,难睹天外之天。只有困知勉行,立志自拔于流俗,才能成就一番大业。志向高远的人也可能会失败,但志向短小的人则注定不会有所作为。

学会放手,别担心树叶会砸破脑袋

创业不能盲目冲动,准备工作要做扎实。而一旦决心做一件事情时,就要把它当作你的事业来做,瞻前顾后,患得患失,只能让你所有的追求与梦想尚未起步就已经夭折。

当然我们也承认,一名独当一面的老板,不可避免地要面临诸多风险。一个决策失误,就可能使财产蒙受巨大损失;一个应对失当,就可能失去一个良好的发展机会。然而这一切,都不足

第四章　承担责任，合理定位自己的团队角色

以成为让我们退避的理由。

小魏在一家"粥铺"给老板打工，"粥铺"生意非常红火。跟着老板干了两年后，他决定自己也开一家。老板知道后，先来软的，一意挽留，许诺多多。后来见软的不行，就来硬的，威胁说如果你要是开粥铺，我不用砸你的场子，用价格战就能把你拖垮。

小魏没有被吓住，他想，老板这么说，只是吓唬胆小鬼的把戏，一个成熟的商人，是不会真的采取那种愚蠢行为的。只要有利可图，你不创业和他竞争，别人也会和他竞争，他能靠胡来把所有对手击败吗？做什么都需要成本，都需要代价。首先他的攻击会招致反击，另外国家的法律也不是摆设。如果几句话就把人吓住了，那么这个人也真不配当老板了。

反复考虑后，小魏按原计划行动。果然，他原来的老板也并未轻举妄动。更有意思的是，他的"粥铺"还未开张，另一家新粥铺倒抢先营业了。看来，那个老板要是撒气，也撒不到小魏的头上了。

一位成功的大商人说过，"既然从正道赚钱的方法那么多，那么犯法的人，都是没本事的人。"上文中的粥铺老板，想必也是经了一番历练的，不会不明白这个道理。不论是砸了对方的场子还是打价格战，都是两败俱伤的做法，所谓杀敌一万，自损八千，任何头脑清楚的人都是不会这样做的。

很多时候，我们的畏缩，都是自己吓唬自己。除了来自外部的压力，我们的畏惧还可能来自内心的犹疑。很多人决定做一

件事之前，会首先要考虑可能发生的最坏的结果。这种思维方式的缺陷是沉稳有余而魄力不足，更有甚者干脆会被自己臆想中的灾难观念吓住了，总是战战兢兢地不敢行动。一个项目还没有启动之前，他首先会有一连串的担心：被相关部门刁难怎么办？没有客源怎么办？与合伙人闹翻了怎么办？甚至钱多了不安全怎么办？顺着这种思路想下去，那么干什么都不如站着不动安全，虽然穷一点，苦一点，总归不必承受那些额外的负担。对于这种怕天上落树叶会砸了脑袋的人，我们不妨发扬一下打破砂锅问到底的精神，看看那些臆想中的灾难是不是能真的把人给吞没了。有一个小笑话这么说：

渔夫的后代对人说："我的祖父死在海里，我的父亲也死在海里。"

"天呐！你怎么还敢出海打渔？"

"那么你的长辈又怎么样呢？"

"我的祖父死在床上，我的父亲也死在床上。"

"那你怎么还敢在床上睡觉呢？"

只要人活着，就会有风险。自己挑大梁当老板，有可能生意惨淡，也有可能困难重重，但是一辈子庸庸碌碌、得过且过，没有希望，没有掌控自己未来的安全感，没有能力从容面对生老病死等各种人生关卡，这何尝不是另一种更大的风险呢？所以说，放开手脚做事情，反而是一条消除人生危机的康庄大道。对于所有立志要做些事情的人来说，努力调整好自己的心态是非常重要的。

有时候，我们怕的不是既定的事实，而是那些落不到实地的推测。面对那些未知的抉择，我们患得患失，常常会因为预料而感到恐惧，会不自觉地、先入为主地用消极悲观的心态去面对未来的一切。这时候，你要学会"置之死地而后生"。

沈先生在打算放弃公司的大好职位、经营自己的小生意时，进行了一连串的自问："我希望开始我自己的生意，那样可能发生的最坏的事情是什么呢？我可能失败，可能倾家荡产。如果我倾家荡产，可能发生的最坏的事情是什么呢？我将必须去做任何我能得到的工作。那样可能发生的最坏的事情是什么呢？我又会厌恶这种工作，因为我不喜欢受雇于人。于是，我会再找一条路子去经营我自己的生意。然后呢？也许第二次或第三次，我将会获得成功，因为我逐渐学会了如何避免失败。"

打定了主意，沈先生随即投入行动，翻开了自己人生新的一页。

对于创业者来说，任何一种创业都是冒险行为，永远都是成功与风险并存。这时候你可以先考虑好失利时最坏的后果是什么，如果这个后果在你的可承受范围内，就可以义无反顾地投入其中。在市场竞争中，永远是狭路相逢勇者胜，如果前怕狼，后怕虎，不战先怯，反而必败无疑。

凡是能够披荆斩棘取得成功的人，一定是有着极强行动力的人，他们敢于把想法付诸行动。所以，想要创业成功的话，就要抛开得失之念，轻装上阵。把做事的决心放在第一位，成败放在第二位，一旦决定了下来，就不要前思后想，犹豫不决，也不要花费过多的时间和精力考虑能否取得成功，而是应当坚决执行。在一旦执行起来，就要有必胜的信心和决心。如果想要做事，就要具备做事的决心和执行力，有决心才会有行动，犹豫不决只会错失机会。

用好压力，它将会是你的财富

有哲人说："一切重压与负担，人都可以承受，它会使人坦荡而充实地活着，而最不能承受的恰恰是轻松。"生命的意义在于负重前行，只要生活还在继续，就没有一个轻松自在的世外桃源可以让我们躲避。人生于世，不承受压力是不可能的，但是我们完全可以换一个角度看待压力，防止越来越沉重的压力把人压垮。

压力并不意味着全是坏事，我们肩上的压力越大，说明我们人生的收获就越大。

有位年轻人感觉生活太沉重了，自己已经无力承受，于是他便去请教智者，让他帮助自己寻找解脱的办法。智者什么话也没说，只是让他把一个背篓背在肩上，然后指着一条沙砾路说："你每往前走一步，就捡一块石头扔进背篓，看看是什么感觉。"

停了一会儿，年轻人走到了尽头，智者问他有什么感觉。年轻人说感觉肩上的背篓越来越重。

智者说:"我们每个人来到这个世上,肩上都背着一个空篓子,在人生的路上,我们每走一步,就要从这个世界上捡一样东西放进背篓,所以我们才会感到生活得越来越累。"

这时,年轻人就问智者:"有什么方法可以把这种负担减轻吗?"

智者问:"你愿意把工作、家庭、爱情、友谊和生活中的哪一样取出来扔掉呢?"

年轻人沉默不语,因为,他觉得他哪一个都不愿意扔掉。

这时,智者微笑着说:"如果你觉得生活沉重,那说明你已经拥有了全面的生活,你应该感到庆幸。假如你失去其中的任何一种,你的生活都会变得不完整,你愿意这样吗?你应该为自己不是总统而庆幸,因为他肩上的背篓比你的又大又重,但是,他可以把其中的任何一样拿出来吗?"

年轻人终于明白了生活的道理,他认真地点了点头,好像突然明白了很多道理,并且露出了开心的笑容,心里感到非常轻松。

背负压力,负重而行,虽然是一件很痛苦的事情,可是,没有负重而行就难以体会到无负重的轻松愉快,同时,没有负重而行,就不会有什么责任,也就无法获得克服困难、增强能力的成长体验。

在浩瀚的海洋里生活着很多鱼,所有的鱼都有鱼鳔,但是唯独鲨鱼没有鱼鳔。没有鱼鳔的鲨鱼照理来说是不可能活下去的,因为它行动极为不便,很容易沉入水底,在海洋里只要一停下来就有可能丧生。所以，为了生存，鲨鱼只能不停地运动。没有人能想象鲨鱼为了生存付出了多大的努力！从它们出生开始，面对的就是永不停歇的运动，直至死亡。其他的鱼类都为自己拥有鱼鳔而感到无比庆幸。然而，很多年以后，鲨鱼因此拥有了强健的体魄，成了同类中最凶猛的鱼。正是这样强大的生存压力成就了鲨鱼在海洋里的霸主地位。

做人也是同样的道理。人的潜力是无限的，当一个人身负重压、不奋发就不足以站直身子的时候，他的潜能往往可以更充分地被激发出来。

台湾灯饰大王林国光，年轻时到美国创业，在美国花了四年的时间开了家进口公司并做得有声有色。但是他的大哥在台湾开办的灯饰公司当时正负债累累，濒临倒闭，大哥自己又身患绝症。没有办法，他只好让林国光回国，希望弟弟能支撑起危局。面对大哥的嘱托以及家族的荣誉，林国光接下了这份重担。

37岁的林国光接手贤林公司后，把自己的房子以及其他可以变卖的家产都变卖了，先还了一部分现金，剩下的债务确实无法筹集了。林国光把所有的债权人找到一起开会，告诉他们只有两个选择：要么起诉，让他大哥带病坐牢，钱还是还不起；要么给他6个月时间，从第七个月开始，每人每月还一点，直到还清。债主们权衡再三，都选择了第二个方案。

此后的日子里，林国光每天早上八点上班，一直做到晚上两、三点，他和妻子两人吃的菜还不如一个小工。有一次在阳台上，他望着脚下的万家灯火，真想跳下去，一了百了。但是自己一跳倒是解放了，债务还得由妻子承担，他最终还是咬牙挺了过来。

当时在灯饰行业，美国有一套非常不合理的行业规范。尽管当时美国客户很多，订单很多，但就是很难出口。林国光抓住美国的行业规范负责人访台的机会，找到了这位负责人的下榻酒店，用流利的英语阐述了自己的看法以及行业规范的不合理之处。结果证明他真的做对了，林国光的看法得到了对方的认可，这个行业规范的垄断地位被打破。这个转机给他带来了希望，订单的问题也解决了。

就这样赚钱还债，一个月一个月地还，到41岁那年，他终于还清了所有债务。接下来几年，他一路拼杀，最终成了灯饰大王，资产上亿。

"穷"在古汉语里的字义是"极也"，也就是到了尽头的意思，林国光所做的，就是绝路逢生，打通了生门和死门。压力和动力，也完全可以以正反两方面的眼光去认识，事在人为，压力也可以成为一个人可贵的财富。

有压力并不可怕，相反完全没有压力比有巨大压力更可怕。完全没有压力并非什么好事，适当的压力能帮助我们前行，促进我们成长。所以，生活和工作中，有一定的压力是好事，正确对待生活、工作中的压力，就能不断促进我们的发展和进步。

不仅要为家庭尽责，也要为社会尽责

生存在这个世界上，我们每一个人都有责任，有些责任是因为社会、工作而产生的，有些责任是因为家人、父母、孩子产生的。这些责任与生俱来，推脱不掉，它体现在生活的方方面面、点点滴滴，我们都要努力地承担起自己的那一份责任、尽自己的那一份义务。人不能逃避责任，放弃自己应承担的责任时，就等于放弃了生活，也将被生活所放弃。

上帝创造了世界之后，也创造了动物，于是召开动物大会，来给动物安排寿命。

上帝说："人的寿命是20年。牛的寿命是30年。鸡的寿命是25年。"

人说："上帝呀，我非常尊敬您，但是我的寿命也太短了，人生的很多乐趣都享受不到了。"

上帝还没有说话，牛也开始说："上帝呀，我每天都要干活，您给我30年的寿命，我就要做30年的活儿，太辛苦了，能不能少点？"

鸡也说："我每天报晓也很辛苦，能不能少点寿命？"

上帝说："好吧，牛和鸡，把你们20年的寿命给人吧。"

从此以后，人就有了60年的寿命，在前20年"像人一样"快乐地活着；下一个20年是为家庭活着，像牛一样辛劳；最后20年是报晓的鸡，起来得最早，叫全家人起床。

第四章　承担责任，合理定位自己的团队角色

活着，就意味着责任，这也正是我们生存在这个世界上的意义所在。我们每一个人，都在这世界上扮演着某一种角色。仔细地想一下，我们是否负起了自己的责任？你既然做着一个人，就必须让你的父母亲安度晚年，就必须让你的子女受到良好的教育，让你的另一半过上安乐的生活。因为，这是你的责任。所以，成功不是你想不想，也绝不是你要不要，而是你必须做的。为了责任，去努力、去奋斗，直到成功。

有一位华裔青年来到美国，打工一年后，他报考了南加利福尼亚大学硕士，没有考上。第二年接着考，还是没有考上。第三年，仍然没有考上。他开始感到沮丧、绝望和不安。

很快，他国内的女朋友也来到美国，当她开始上大学时，他仍然无所事事地在街上晃荡。不久，她答应了他的求婚。很快，他在一家保险公司找到一份工作，生计有了着落。但随即，他在参加完一个名为"思考致富"的培训班后，决定自己做自己的老板，毅然向公司递交了辞呈。

在他作出了这个无法挽回的决定后，妻子淡淡地说："我希望你作的是一个理智的决定，你要对自己负责。你要明白，如果你做不到应有的成就，我们的关系就会有问题。"

后来，经过了那段最黑暗、最难熬的日子，在来到美国后的第六年，他通过自己的东方艺术品生意挣到了第一个100万美元。回顾这几年走过的历程，他说：后来我问妻子，为什么会在那个时候和穷困潦倒的我结婚，却又给了我很大的压力呢？她说，

"我感觉到那些日子你很消沉，我希望有一件事可以让你负起责任来。"

他深有感触地说："辞职后，我没有埋怨过妻子那种雪上加霜的做法，她虽然是在给我施加压力，但我理解她的心情，她需要的是一种安全感，我要对她负起责任来。"

我们的家庭需要责任，因为责任让家庭充满爱。我们的社会需要责任，因为责任能够让社会平安、稳定地发展。我们的企业需要责任，因为责任让企业更有凝聚力、战斗力和竞争力。所以，每个人都要有承担责任的能力。

承担责任会让人得到锻炼，责任不会压垮人，反而会让人知道如何接受命运给人的考验，让他软弱的肩膀变得坚强起来。对于只想随心所欲生活的人而言，承担责任会让他毫无头绪的人生变得目的鲜明，让他在人生之旅上迈出的每一步都有意义。

放弃了自己对社会的责任，就意味着放弃了自己在这个社会中更好地生存的机会，就等于在可以自由通行的路上自设路障，摔跤绊倒的也只能是自己。有一些成功人士，最常说的一句话就是"我是主事者，我负全责"。这不是偶然的，他们都相信，无论发生什么，是好是坏，都是他们自己做的，即使不是亲手所为，也或多或少影响过别人。当年营救驻伊朗的美国大使馆人质的作战计划失败后，当时的美国总统吉米·卡特随即在电视里郑重声明："一切责任在我。"仅仅因为这一句话，卡特总统的支持率骤然上升了10%以上。

人们永远尊重尽职尽责的人，如果你习惯了让别人替你承担责任，你将永远亏欠别人，你的腰板永远也不会挺直。哲人曾说过：当我们尽职尽责时，不管结果如何，我们都赢了。因为这个过程带给我们满足，使我们都成为赢家。没有一件事情比尽职尽责地完成任务更令人满足了，只有这时你才会发挥出自己最大的能力。尽职尽责给你带来一种特殊的成功，一种自我超越的成功。

有担当的人才能够服众

从某种意义上说，老板等于是一艘帆船的舵手。所带领的是大船也好小船也罢，你都要为它航行的方向和线路负责，越过激流险滩，冲过重重险阻到达目的地。行进的过程中，谁都有失手或是犯错误的时候，这时候一个人有没有定力、够不够担当就会完全表露出来，接受人们的评判。

一个好老板不但要有开疆辟土的本事，也要有收拾一时失误造成的烂摊子的能力。

如果你是为别人、别的机构工作，因为经验不足、能力不够或者疏忽大意犯了错误，虚心接受批评或者其他处理意见即可；如果你就是老板，表面看起来，你的错误不需要向他人交代，但事实上，老板犯错，更要有"说法"。处理不当，当前的损失不算，还不利于开展下一步工作。

三国时期，各地割据势力争霸，曹操击溃袁绍的主力后，袁绍的两个儿子袁熙、袁尚带残兵逃往地处边塞沙漠的乌丸。当曹操提出要斩草除根、远征乌丸时，很多部将提出反对意见。他们认为乌丸地形复杂，难以速战速决，而孤军深入后，粮草转运困难，到时候乌丸拿不下，背后的敌人刘表、刘备等再趁虚而入，曹军的处境就艰难了，所以征乌丸的计划应当缓行。曹操认为，刘表、刘备相互牵制，近期不会对曹军地盘用兵，打乌丸会攻其不备，胜利在望。

建安十二年（207年）三月，曹操率部东征乌丸，开始了艰苦卓绝的沙漠远征。

此战曹军险胜，也是惨胜，最艰难的时候，天气严寒，缺粮断水，没办法只好杀马为食，凿地三四十丈，才得到水源。最后检点战果，斩杀了乌丸王蹋顿，剩下的部众投降，袁熙、袁尚逃到辽东。但曹军一方最重要的谋士郭嘉在这次战争中病逝，部队也打残了，亟须休整。建安十三年（208年）正月，曹操回到邺城，结束了东征。

回朝后，征乌丸诸将均以军功受赏，郭嘉也受到追封。赏功之后，按程序应该罚过。但曹操认为此战胜在侥幸，所冒风险与收益不成正比，自己作为决策者，应该负虑事不周、贪功冒进的责任。他对当初的反对者提出嘉奖，认为出征前众将的劝阻其实是有道理的。

曹操在朝中军中，都是绝对的权威，献帝只是他名义上的上司，但是也要看他脸色行事的，此外，他连个可以形成掣肘的副手都没有，可以说，在曹氏集团中，曹操就是一言九鼎的大老板。曹操要检讨错误，绝非迫于压力，而的确是在实实在在作总结。他带兵转战千里，斩杀敌人首脑得胜而归。如果在总结大会上只挑光明面讲，众将士也会高呼"丞相英明"。但是曹操功归部下，错责自身，因为他知道，听阿谀奉承没意义，让众人心悦诚服才是治下的基础。

有一种当老板的人，"做决策时候，拍脑门；执行的时候，拍胸脯；出了问题，拍大腿；追查责任，拍屁股。"这种缺乏责任意识的老板不可能是称职的老板。不等竞争对手来打败他，内部的冲突矛盾就可能葬送了好不容易才做出来的成果。

对于老板来说，承认错误并不会降低身份，反而是任何推诿掩饰都会损害形象。因为，该揽的过错不揽，会让下属缺少一种安全感和应有的凝聚力，这种情况下，谁还愿意冒着风险去立功赚钱打江山呢？遇事不推脱不回避，这本身就是一种让人定心的态度。正确地表态之后，应该是去积极推动，把态度转化为实际的行动。

史玉柱是当今中国商界最具争议和最具传奇色彩的人物。1989年，史玉柱从深圳大学软件科学系研究生毕业后，随即下海创业，凭借巨人汉卡和脑黄金迅速飞腾。后来因为投资巨人大厦导致资金链断裂而几乎破产，欠债2.5亿人民币。1997年，史玉柱在江苏等地推出保健品"脑白金"，大获成功并迅速推广至全国。史玉柱重新崛起，回归财富世界的巅峰。至2016年，在胡润百富榜上，史玉柱家族以540亿元财富，位列第19名。

史玉柱是中国经历了"大起——大落——又大起"这样一个完整过程的著名企业家。第一次，他上演了一个成功的版本，第二次，他演绎了一个失败的案例，最后一次，他从哪里跌倒就从哪里爬起，并完成了对企业家精神的定义：执着，诚信，勇于承担责任。

可以说，任何人都无法躲避失败。成功之人的成功之处，很大部分就在于会正面对待失败。史玉柱曾这样说："当巨人一步步成长壮大的时候，我最喜欢看的是有关成功者的书；在巨人跌倒之后，我看的全是有关失败者的书，希望能从中寻找到爬起来的力量。"面对失败，史玉柱不断总结，不断完善，不断进步，在迷茫的时候总是虚心向别人求教。最终，史玉柱在资产为负数，甚至负得还很多的时候站了起来。

"所谓的领导，就是在享受特权的同时，承担起更大的责任，在风险或危机来临时，有勇气站出来，单独扛起压力。"很多问题是我们不得不去面对的，既然没有退路，那就挺起你的胸膛，解决这些困难。无论我们身处何种困境，都不能消极地逃避。最好的方法就是坦率地承认自己的失职和失败，想方设法去了解源头，对症下药，彻底根治，而不是做一个软弱的逃兵。只有有担当的人，才能得到他人的谅解和尊重，才能获得他人的信任和宽恕。因为，一个人懂得承担责任，这比一味推辞责任更具有震撼力，也只有这样的人，才是一个能成就大事业的人。机遇会对他们更加眷顾，因为他们比别人承受得更多。

第五章 快乐生活，别让工作成为一种负担

和事业上的成就相比，快乐很容易被当成可有可无的调剂品。这种想法的产生，是因为你不懂得快乐的真谛。快乐可以让我们头脑清明，心境平和，使工作更有成效。反过来，发自内心的快乐，也让我们的工作成就更有意义。在工作和快乐之间找到平衡，是每一位快乐老板的快乐之根本。

寻找可以让你快乐的事情

快乐，指欢乐，感到高兴或满意。天空，是鸟儿的快乐之源；大海，是鱼儿的快乐之源；阳光，是草儿的快乐之源；雨露，是花儿的快乐之源。每一位忙忙碌碌现代老板，他们的快乐之源又如何找寻呢？

每个人，快乐之源可能相似，也可能不同。快乐是一种心境，是生活的感觉，是对事对人的感觉。

从心理上说，事物本身不影响人，影响的是你对事物的看法。你的心境是快乐的，你就会容易呈现出快乐，快乐是从自己内心深处产生的。快乐，主要是来自内心的感受，美好、善于发现美、平静而开阔的心灵，更能感受与享受快乐。

带着这种心境投入工作与生活之中，每天你都会有新的发现。

工作是我们谋生的手段，是我们实现价值的桥梁，也有可能变成我们一辈子追求和维系的事业，它带给每一个人的不仅是养家糊口的物质基础，还有可能催生出许多快乐的因子。或许，你耐不住长时间从事同一项工作的单调和乏味，或者你会抱怨它的繁重给你带来的疲累。但是如果我们热爱工作，能够全心全意地投入，那么原本令人讨厌的艰苦的工作就能变成推进、丰富和完善我们生活的神奇工具。

第五章　快乐生活，别让工作成为一种负担

经商做老板，这份工作也许不够风花雪月，不够轻松洒脱，但这不代表着它就和快乐绝缘。把任何一份工作做好的前提是你首先要热爱它，并且要从中找到乐趣。

我国清代的红顶商人胡雪岩，能由一个钱庄的小伙计起步，积累起富可敌国的财富，这与他对从商的热爱是密不可分的。当年，曾受过胡雪岩接济的落魄书生王有龄在官场出头后，多次让胡雪岩捐官，有意要提携他创造出一派大好前程来。胡雪岩的想法却是贴近现实的，他以为"行行出状元"，而以从商为第一。他曾直言自己喜欢钱多，而且越多越好！有了钱然后做出一番大事业来，是世上最痛快的一件事。他说："做生意发了财，尽管享用，盖一座大花园，讨十七八个姨太太在里面，没有人好说闲话。做官的发了财，对不起，不好这样子称心如意！不说别的，叫人背后指指点点，骂一声'赃官'，这味道就不好过了。"

胡雪岩的人生理想，就是赚大钱，做大事，完全按照自己的意愿生活，今天我们不去考究他思想境界的高低，只想说明这种对经商赚钱的明朗愉快的态度，在客观上为他树立了一个长久的方向，使他义无反顾地走向了经商之道，白手起家，创建起自己的财富王国。

在这个世界上，不同的国家，不同的时代中，每每总有些顶尖的大富豪出现，尽管他们的环境与经历绝不一样，但是相同之处在于：他们都热爱自己的工作，把赚钱当成毕生的追求和能享受到的最大的快乐。在现实生活中，你不必强求自己也能达到像他们那样

的高度，但是可以学习他们的观念，如果你将个人兴趣和自己的工作结合在一起，那么，你工作时将会快乐起来。兴趣会使你的整个身体充满活力，使你在繁重的工作中，也不会觉得疲劳和烦躁。

你积极主动地工作，并出色地完成任务，你的公司也会为你创造更多的发展空间和机会，那么你所获得的不仅是一种物质上的奖励，更多的是一种自我价值的实现，这是人生自我实现的需要，也是人的最高需要。只有这种需要得到满足时，人才会获得最大的快乐，这也正是人真正的快乐。

世上有很多短暂而虚幻的快乐，但是工作所带来的快乐是持久的。热爱你的工作，快乐地工作，工作的成就会给你带来一系列的回馈，你的生活会充满了快乐和满足。当这一切形成一种良性循环，你的快乐之源将永不枯竭。

帮助你减轻压力的几种方法

人生是一个典型浮躁场，一些奋斗者恨不得三年走完别人十年的路，一味地对自己施加超负荷的压力，逼着自己只能上不能下，只能进不能退，任何的停滞不前或缓慢发展都会给自己带来莫名的恐慌。殊不知，人的状态有好有坏，并不能像机器一样保持永不疲倦、永不停滞的理想状态。在状态不佳或是水准不够的时候，"带病上阵"或是"小马拉大车"都会给自己的事业生涯埋下或多或少的成长隐患。这个时候，如果能够给自己松松紧绷的发条，调节自己的心态，使自己张弛有度，劳逸结合，则对事业发展和身心健康都有好处。

一个欧洲观光团来到非洲一个原始部落。部落里有位老者在一棵大树下做草编。草编非常精致，它吸引了一位法国商人。他想：要是将这些草编运到法国，巴黎的女人戴着这种小圆帽、挎着这种草编的花篮，将是多么时尚、多么风情啊！想到这里，商人激动地问：这些草编多少钱一件？

"10比索。"老者微笑着回答道。

天哪！这会让我发大财的，商人欣喜若狂。

"假如我买10万顶草帽和10万个草篮，那你打算每一件优惠多少钱？"

"那样的话，就得要20比索一件。"

"什么？"商人简直不敢相信自己的耳朵！他几乎大喊着问，"为什么？"

"为什么？"老者也生气了，"做10万件一模一样的草帽和10万个一模一样的草篮，它会让我乏味死的！"

如果我们每天紧张地工作，为各种事情忙碌，最后我们就会习惯于这样的紧张节奏，习惯于这样麻木地生活，我们会忘记这样努力的目的，忘记生活的意义。如果一味为了自己的目标埋头苦干，错过了生活中的各种乐趣，虽然最后你达到了目标，但同时你也失去了更多。

我国近代著名作家、幽默大师林语堂曾经说过："地球上只有人拼命工作，其他的动物都是在生活。动物只有在肚子饿了才出去寻找食物，吃饱了就休息，人吃饱了之后又埋头工作。动物囤积东西是为了过冬，人囤积东西则是为了自己的贪婪，这是违反自然的现象。"生活在节奏紧张的商业社会，如果我们不努力工作，就会有被社会抛弃的危险，自己与家人的生活也得不到保障，但是无论多么重要的工作，都不应该占据我们全部的时间和整个头脑。事实上，那些真正在自己的领域做出卓越成就的人，从来不会忘记享受生活。

著名影星奥黛丽·赫本被誉为"人间天使"，其实她处在并且永远处在这个世界上最严酷、竞争最激烈、最苛刻的职业顶峰。作为一个女演员，她成功的部分原因是她永远清楚生活的真谛，并且保持着她难能可贵的本性。赫本喜欢音乐，喜欢舞蹈。在她的闲暇时光里，她喜欢听爵士乐，据说她走到哪里都要拖着她的慢转密纹唱片。同样她很有语言天分，会四国语言。她有许多喜好——养小狗、经营服装店，偶尔喝点苏格兰威士忌。

对工作，赫本追求完美，但在私下的生活里，她是十分有趣的人。

赫本认为笑是拉近友谊的最快的方法。她从不轻易表现于公众的幽默感让朋友们愿意亲近她。当事态发展到低谷时，她总能用一个笑话把大家逗乐。她的密友兼合作者——好莱坞最绅士派的男演员格利高里·派克说："大多数人都认为奥黛丽具有贵族气质，而我觉得她是一个阳光灿烂的人。她幽默诙谐，谈笑风生，她的这个特点可能会让所有不熟悉她的人大为惊讶。她总能在拍摄过程中让我大笑，活脱脱一个喜剧演员呀。"

让烦琐的工作时刻充满乐趣并不容易，不过如果你在工作中尽量去寻找乐趣，带着一种乐观的态度去投入工作的话，相信那种乏味、窒息的工作氛围以及自己的精神状态会大为改观。你不仅会发现自己的工作效率大大提高，你的乐观态度还会影响周围的人。这可以提升你在同事与领导心目中的形象，非常有利于你的事业进步。试试采取以下几种方式，也许会给你重压之下的生活、工作带来新的改观：

1.当你嘲笑压力时，压力也害羞。不妨对自己的缺点、不足与失误友好地讽刺、幽默一番，如此便可减轻心理压力。

2.以减少10岁为标准，修饰自身外表。修饰打扮是一种抗衰老的精神调节剂。大胆地打扮自己，使自己显得更年轻，充满活力，会给自身带来满足和愉悦。

3."把烦恼写出来。"一些心理学家推崇写作减压这种方式，写作的内容是什么呢？将你的压力体验以及你生理、心理上的一切烦恼大小顺序地写出来，此时你就会发现，只要各个击破，其实压力很容易缓解。

4.和父母、儿孙等家人愉快相处，尽享天伦之乐。对爱人多说"甜言蜜语"。两口子恩爱和睦，并且用言语表达，会令自己和对方都产生极其愉快的情绪。

5.找人聊天。每个人的心中必定既有快乐也有烦恼,去向朋友倾诉,会让快乐和烦恼都得到宣泄。这种聊天可以减轻心理压力,保持心灵的平和。

6.想象减压。想象可以帮助缓解紧绷的神经。如想象在蓝天白云下,自己坐在平坦的草地上,心中充满安详、宁静、平和的感受,这样可在短时间内缓解紧张,恢复精力。

有很多事情都是这样,并不在于你目前处于一种怎样的境地,而在于你是怎么认识自己的。将自己从紧张和压力中完全抽离出来有一定的难度,但是我们可以从改变某一个具体的生活方式开始,用一种新的眼光来看待自己目前的处境,然后你的心情就会随之发生一些意想不到的变化。

环境舒适优雅,心情自然放松美丽

平时我们都有这样的感觉,当置身于整洁优美的空间里时,心情也会随之变得愉悦;如果是处于狭小杂乱的地方,心情也会跟着变得很糟糕。要成为快乐的老板,可以通过创造快乐工作的环境氛围来促进。

所谓工作环境氛围,就是工作过程中处事的空间、秩序与气氛。一般说来,办公室以整洁大气为佳,9~30平方米就可以,太小显得窄,太大不易聚气,浪费空间。在布置上除了必要的办公用品,可装饰和绿化,适当采用暖色或者一些和谐的颜色,以有利于使心情愉快。一些商界名流的办公室布置,都是大有讲究的。

办公环境布置得当,才能对心情产生正面影响,当老板的人才能更容易获取快乐。只有心情快乐,工作才能做得更好,推动业务更上一层楼。相反,如果整天心情抑郁,出错率可能更高,进取心也相对不足,公司的生意也会随之越来越差,形成恶性循环。

再进一步讲,办公环境是属于你自己的"小环境",影响力更大的大环境,还是我们的心境。我们每个人都有自己的生活,都有选择精彩人生的机会,关键在于你的态度。这是唯一一项真正属于你的权利,不会被任何人剥夺,也不会因为身外之物而改变。

当年苏东坡在被贬谪到海南岛的时候,岛上的孤寂落寞,与当初的尊荣富贵相比,简直是两个不同的世界。但苏东坡认为,宇宙之间,在孤岛上生活的,不只是他一人,大地也是海洋中的孤岛!就像一盆水中的小蚂蚁,当它爬上一片树叶时,这也是它的孤岛。所以,苏东坡觉得,只要能随遇而安,就会快乐。

苏东坡在岛上,每次吃到当地的海产,他就庆幸自己能够来到海南岛。甚至他想,如果朝中有大臣早他而来,他怎么能独自享受如此的美食呢?

所以,凡事往好处想,就会觉得人生快乐无比。人生没有绝对的苦乐,只要凡事肯向好处想,自然能够转苦为乐、转难为易、转危为安。这并非只是在唱高调,在我们工作生活中的任何平凡小事里,都可以看到"心境"的影响。

果贩遇到了一位难缠的客人:"这水果这么烂,一斤也要卖2.5美元吗?一斤2美元吧,不然我不买。"小贩微笑着说:"我一斤卖你2美元,对刚刚买的顾客怎么交代呢?"

"可是,你的水果这么烂。"

"如果是很完美的,可能一斤就要卖5美元了。"小贩依然微笑着。不论客人的态度如何,小贩依然面带微笑,而且笑得像第一次那样亲切。客人虽然嫌这嫌那,但最后还是以每斤2.5美元的价格买了。

有人问小贩为何能始终面带笑容,小贩笑着说:"只有想买货的人才会指出货如何不好。"

这位小老板完全不在乎别人挑剔他的水果,并且一点也不生气,不仅是对自己的水果大有信心的缘故,而且是因为他具有良好的修养和豁达开朗的心态。

豁达开朗的人是很少遇到困难和危机的,因为他们的思维是开阔的,他们不会让自己走入死胡同,所以他们的人生也是平安顺遂的,即使有不幸的事发生也能很快在心中化解,不会产生阴影,这样的人生自然是快乐的。

做一个快乐的企业管理者

在过去的演讲中,我多次谈到快乐老板的三大支柱是:持续

第五章　快乐生活，别让工作成为一种负担

增长的利润，英勇善战的团队，有序规范的系统。这是企业成功的基本保证。这些在拙著《赢家商道》中有较具体的介绍，在这里就持续增长的利润这个点再提炼概述一下。

一家企业，之所以能够获得持续增长的利润，很重要的原因之一就是老板能够找到财富之源，与时代的赚钱节奏合拍。注意，是与"时代的赚钱节奏合拍"，比如，上世纪九十年代是加工生产市场需要的产品，而当下则是互联网时代，谁领先了互联网，把握了互联网的赚钱节奏，那么肯定是赚大钱的。

在当今商界，要想领先市场，就必须要学会顺应潮流，不断创新转型。大企业需要学会放弃，中小企业更应学会放弃。"船小"虽难抵大风大浪，但"好调头"其实是看家本钱。但有些企业不知这经营之道，明知无路可走，却苦苦挣扎、提心吊胆。纵观现今的知名企业，又有几个是靠过去的一种产品或单一的经营发展起来的呢？真正的放弃，不是消极躲避，而是以退为进，养精蓄锐，再觅机遇。

2012年12月，在CCTV经济年度人物颁奖盛典上，阿里巴巴的董事长马云与万达集团的老总王健林就"电商能否取代传统的店铺经营"展开辩论。席间，两人打赌，到2020年，如果电商在中国零售市场份额超过50%，王健林将给马云一亿元人民币，反之，马云输给王健林一亿元。这就是轰动一时的"马云王健林对赌一亿"，也是传统商业跟互联网电商之间的正式宣战。

这个赌局本身，可能只是两位顶尖的大老板活跃现场气氛的

095

玩笑，但是他们此后对于新业务的拓展，可是实打实的较量。先是阿里巴巴正式宣布，注资53.7亿港元入股的银泰商业集团，成为该集团第二大股东。而作为对阿里巴巴针尖对麦芒的回击，万达集团选择了阿里巴巴的老对手、也是唯一可以跟阿里巴巴抗衡的互联网三巨头中的另外两家——腾讯和百度进行合作。合作模式也如出一辙，都是相互合资成立新电商公司。

在两大巨头相互竞争相互渗透的时候，马云已经在展望未来："今天的电子商务不是想取代谁，不是想消灭谁，而是想建设更加新颖、透明、开放、公正、公平的商业环境，去支持那些未来会成为中国最佳的像王健林这样的企业家。中国未来主导中国经济的，不是马云，不是王健林，而是今天没有听见、没有见到过，甚至没有听说过，很多人可能看不见、看不起、跟不上、看不懂的年轻人，他们将取代我们，他们将成为中国经济的未来。因为他们正在用互联网的思想和互联网技术改变今天的商业环境。"

马云与王健林的商道看似对立，实际上他们都是重视大潮流大趋势的人，制订自己的发展规划时，决不会逆流而动。做企业，战略调整一定要因势而行。战略的核心问题是使企业的自身条件与环境相适应，以求得企业的生存和发展。如果企业的管理者缺乏对时势变化和自身优势与不足的清晰判断，将会把企业带上一条步步艰辛的歧路。制订大战略是如此，就是在具体的战术上，也要应时而动。

"中国门王"韩兆善一手打造了"盼盼"这一知名商标。但刚开始，韩兆善经营的是铁皮卷柜，而且卖得很火。但是，正在这个时候，韩兆善竟决定放弃生产铁皮卷柜转而生产防盗门。结果招来许多非议。有人说，卷柜卖得好好的，搞什么防盗门？韩兆善反问："一个档案柜能一劳永逸吗？不说外省，就说省内，光沈阳就有十几家生产档案柜的，咱们市场还能拓展多少？不知什么时候就没饭吃或被挤掉了。档案柜只适合企业、机关，市场有限，而防盗门适用千家万户，这是一个无限广阔的市场。"

韩兆善经过两年的市场调研和技术攻关，不久就生产出八点锁紧的防撬门，产品一上市，就获得了满堂彩。由于产品的转型成功，使盼盼的产品不但在国内市场占了先机，而且也把市场转向了海外。今天回头来看，假如韩兆善没有当初对生产铁皮卷柜的放弃，那么，很难想象，今天的市场上还有韩兆善，还有"盼盼"吗？

"在某种意义上，时机就是一种巨大的财富。"人创造了社会环境。社会环境也造就了人。但归根结底，人是社会环境的产物。没有一个成大事者，能够脱离他所处的那个时代的舞台。一个老板，首先考虑到的是利益。求利益，就要识潮流，不识潮流，落在人家后面，等你想到要赶上去时，已经来不及了。

按照经济学的观点，社会财富每隔5年就要重新分配一次。在这一次次地位更迭、财富分配的大变革中，有人得意，有人失望，是否能改变人生，就在于人们对社会发展潮流的敏锐程度如何。眼光准、动手快的，才有望要风得风、要雨得雨，成为时代的骄子。

找到让员工快乐工作的东西

快乐不仅是一种情绪，对于一个公司一个机构来说，快乐还代表着更高的凝聚力、更大的创造力。不重视快乐文化的老板，是无法获得这些快乐的附加值的。有管理专家曾经指出："人们为钱工作，但是更为了生活的意义而工作；事实上，他们为了快乐而工作。忽略了这一点的公司，他们将为此付出的代价是员工缺乏忠诚度和承诺。"

那么，该如何定义"快乐工作"呢？企业认同感、可发挥才能的平台、来自企业的充分关怀，是让员工感觉到快乐的三大保障。一个成功的老板，要让员工不单单感受到快乐，更感受到爱与幸福。企业需要塑造共同的经验，让员工一起共享经验、共享成就、共享快乐、共享成功。

要让你的公司打出"幸福快乐牌"，改善工作环境是一条快捷通路。物质的快乐可以激发人们的自信心和自豪感，使人们对工作更加热忱，更加有创造精神。这一理念，在现代企业中也得到了充分的诠释。

Google是全球著名的网络科技公司，每天有超过700万人次在此查询信息。Google知道强大的运算能力是技术关键，但是它更清楚，人才才是他们最大的资产。

Google就像所有硅谷创业家传奇一样，一切由人开始，而且对于人才极尽服务甚至宠爱之至。走进Google，很难觉得是走进一家企业。不管是在哪一栋办公室，每走20步、每过一个转角，就会看到食物。这里有20个零食间，24小时供应各式各样的糖果、饼干，还有价格不菲的100%纯果汁。而这一切，都免费。

Google也有硅谷最出名的五星级"免费吃到饱"餐厅。这个由Google前主厨查理·艾尔斯一手打造的Charlie's cafe，里面有几十位厨师和助理，提供的食品85%都是有机食材做成的有机饮食。

我们仰赖Google解答大小问题，Google则负责解决员工的一切困扰、辛苦，甚至是欲望，让他们竭尽所能进行创意，服务于每个上网者的要求。

Google有沙滩排球场、游泳池、健身房，还有全身按摩服务；他们提供托婴、牙医，甚至医师看诊；Google有洗衣间，欢迎员工把脏衣服带来洗；Google还摆有钢琴，任何人、任何时间都可以展示自己的另一面。更重要的是，Google给Google人现代企业中最难得的员工福利：时间、自由、尊重。

快乐工作应该是企业由上而下的一种思考方式，企业管理者要创造一种工作环境与氛围，引导与端正员工的价值观，使员工能够在企业中燃烧自己，快乐工作；提高员工满意度、快乐度，最终让员工变成企业的守护神。

如果因客观条件所限，无法像那些顶级公司一样向员工提供最好的工作环境，老板的人文情怀，也是使上下一心的凝聚力所在。

浙东建材集团有限公司董事长邱兴祝，是一位笑口常开的仁者，他的座右铭是"善待员工，善待财富"。他平时喜欢编顺口溜，不仅娱乐自己，员工们听着也都很开心，"人心齐泰山移，上下同心才有利""得意不要忘形，垂头不要丧气""老板厚道，职工地道，生财有道"已经成为特有的企业文化，而"以诚待人，以理服人，以爱容人"不仅是邱兴祝一直信奉的做人道理，也是他的企业经营之道。

邱兴祝认为，要想拥有称心如意的员工，你首先要做一个开朗合格的老板。搞企业最关键的是做人的工作，最实在的就是搞好员工福利，员工的切身利益保证了，人心自然也就齐了。浙东的员工80%以上是外地人，公司每年都会给困难职工发3000元到3万元的补助；给新婚职工发660元的恭贺费；经常组织优秀员工去香港、澳门旅游；每逢过年都要向退休职工发放660元的"六六大顺红包"；给普通员工发手表、项链、电视机、冰箱等用品；春节串休加班的职工，公司还会安排丰盛的团圆饭，甚至买好7天电影票，让他们能开开心心地过个好年。老板善待员工，员工也用实际行动回馈老板。浙东有3个车间是员工义务劳动建成的。那时企业还不大，因为资金不足，党员就率先带头修建厂房，在他们的带动下，300多名员工自愿加入义务劳动，连续干了8天8夜，不但为企业省下2000万元资金，而且让工期提前了一年。

快乐工作，就是快乐地工作。员工快乐工作，企业才有未来，老板快乐工作，企业才能持续。做老板的，一个人乐，不如带大家都快乐。因此，自己有快乐的态度，也带领企业同事都快乐，这样就形成了快乐的良性循环的氛围。通过自己的工作取得了成绩，这个成绩又带来了收入的增长，这样的工作也会让你很快乐、很舒服，这也是一个积极的工作过程。因此，工作时别忘了让自己和手下员工都保持快乐！

工作中的不良情绪及时排解

人生，有多少计较，就有多少痛苦；有多少宽容，就有多少欢乐。心里放不下，自然就成了负担，负担越多，人生越不快乐。计较的心如同口袋，宽容的心犹如漏斗；复杂的心爱计较，简单的心易快乐。懂得宽容，人生的路才会越走越宽。

不过宽容说起来简单，可做起来并不容易。因为我们都认为，每个人都应该为自己所犯的错误付出代价，这样才符合公平正义的原则，否则岂不便宜了犯错的一方。但是不宽恕会产生什么结果或副作用呢？如痛苦、埋怨、憎恶、报复等等，这些结果值不值得再承受，这才是一个更重要的问题。

有一个年轻人，他和一个关系非常不错的朋友合资创办了一家公司。然而，就在他俩创业期间，他的那个朋友竟然背着他将公司的现金挪作他用。

因为资金无法周转，他们的公司被迫停业，他因此损失惨重。事后，他的那个朋友无限懊悔，多次恳求他的原谅。因为，他的那个朋友也没有料到会出现这种局面。

但是,他对朋友的背信弃义失望至极,并由失望而转化为憎恨。事实的确如此,如果那个朋友没有做出这件事情,也许他的眼前会是另一番景象。可是,他现在已经失去了一切,他为了还债,把自己唯一的房产也卖掉了,而他现在只能在外面租房子住。

每当他跟其他一些朋友聚会的时候,他就会大骂那个背信弃义的朋友。有时候喝多了酒,他甚至曾产生过带上一把刀子去教训对方一下的念头。

因此,他的情绪一直很坏。在夜里,他经常做噩梦:梦见那个伤害过他的朋友将他推下万丈深渊。待从梦中惊醒之后,他往往是大汗淋漓。烦闷、不安和失眠严重困扰着他,他始终没有从那个朋友带给他伤害的阴影里走出来。

相信大部分人在生活中都会遇到一些令自己伤心、痛苦甚至愤怒的事情,这些伤害或来自于朋友,或来自于家人,又或来自于同事。许多人经历这些事情时都会有或多或少的委屈和不甘,甚至陷入深深的怨恨中不能自拔。

在待人处事之中,度量的大小将直接影响到人与人之间的关系能否顺利维系。天下没有完人,即使智者也会有犯错误的时候。因此,你不应该因为别人的一次过失而一直耿耿于怀。在别人犯了错误,尤其是涉及你的利益时,能否以一种宽容的态度来对待,是衡量一个人素质的标准。宽容别人的错误,使其有更多

第五章 快乐生活，别让工作成为一种负担

改正的机会，你的人格素养也会因此得到培育。

大度能容，宽厚待人，不单单可以促进人际关系的和谐，还可以帮助人们树立自身形象，给他人留下个好印象，从而提高一些人气。古人有言，君子忍人所不能忍，容人所不能容，是谓气度。大凡有宽大的胸怀、海纳百川气度的人，往往能得大成就。试想，一个人如果干任何事都要锱铢必较，那他还有什么精力成就大事业呢？

一个宽宏大量的人，他的爱往往多于怨恨。他乐观、愉快、豁达、忍让，而不悲伤、消沉、焦躁、恼怒；他对自己周围的人的不足处，以爱劝慰，晓之以理，动之以情，使听者动心、感佩、遵从，这样，他们之间就不会存在感情上的隔阂，行动上的对立，心理上的怨恨。

服装业巨子切瑞蒂在创业初期，有一次拿着样品经过一家小店，却无缘无故地被店主讥讽嘲笑了一番，说他的衣服只能堆在仓库里，再过100年也卖不出去。切瑞蒂并没有反唇相讥，而是诚恳地向对方请教，结果发现那位小店主说得头头是道。切瑞蒂大为吃惊，愿意高薪聘用他，然而他不但不领情，还讽刺了切瑞蒂一顿。切瑞蒂并没有放弃说服这位店主，他运用各种方法打听，才知道这位店主居然是一位极其杰出的服装设计师，只是因为他性情怪僻而与多位老板闹翻，一气之下才发誓不再设计，改行做商人的。切瑞蒂弄清楚事情的真相后，三番五次地登门拜访，并且诚心请教，这位设计师仍然不理睬他。然而切瑞蒂还是常去看

103

望他，和他聊天并给予热情的帮助。到最后，这位设计师自己都感到不好意思了，终于答应出山。后来，这位设计师创造出了巨大效益，他帮助切瑞蒂建立了一个庞大的服装帝国。

凡事不必太认真，如果太较真，由于人是相互作用的，你表现出一分敌意，他有可能还以两分，然后你再递增为三分，他又会还回来六分……把敌意换成善意，你会有很大的收获。当"冤冤相报何时了"的双输，能成为"相逢一笑泯恩仇"的双赢时，不是人生最大的成功吗？

事实上，越是那些成功的大商人，越是气量超群。虽然他们为争取同一单生意彼此竞争，视对方为最大的对手，想方设法地去打败他，但是，一旦尘埃落定，他们立即把当初的"敌对情绪"收拾起来，在社交场合相见，一样谈笑风生。以后有可以合作的地方，大家都会不计前嫌，该怎么合作就怎么合作。就是以前有些小争端，也不会放在心上。这种态度，才算是够职业的，工作和发展应优先考虑，其他的，等闲小事耳。

善于理解、体谅别人在特殊情况下的心理、情绪是一种较高的修养。当一个人做了老板后，在每天工作、学习乃至生活中，会遇到很多人，要常常以宽大的心灵待人，存爱敬心待人。能保持这样待人的态度，事业就会越做越大，且能取得长久兴隆。

第六章 丰富内心,心灵的富足才是真正的财富

狭隘闭塞的心灵,最容易在红尘繁华中迷失。许多时候,得失成败,也只在一念之间。随着事业的发展,心灵必须成长,这样才能承载大业。内心真正强大的人,他的头脑是空的,因为有了空间,才可以容纳世间的万事万物,体验无限的快乐祥和。

心灵的成长体现在哪

　　心灵成长是指自我的觉醒，觉知心灵的美及其对人生的影响，使心灵向真善美方向成长。在现实中，人们常通过自我感悟，向大自然、书籍或者老师学习来促进心灵的成长，宗教、哲学、艺术、科学和素质教育也都可以让我们汲取到可令心灵成长的养分。

　　我认同孟子关于人天性本是善良，本是具足仁义礼智信等美德的观点。同时，我也认同，不同的人出生后心灵觉知常常是有所不同的，并且，与人生的成长一起，心灵也在成长，也正是因此，心灵获得健康成长是很必要的。

　　人的心灵是一种无形的东西，它可能广阔无边，犹如蓝天、大海一望无际；也可能狭小阴暗，外面的阳光细雨一点儿也透不进来。有很多人就这样陷入其中，无力自拔，就像一条钻进瓶子里的章鱼。

　　神秘的大海中生活着各种千奇百怪的鱼类，每一种都有自己的生活习性，而各自的生活习性又往往决定了它们在海洋中的生存状态。章鱼就有一种怪僻，一只章鱼的体重可以达到70磅，然而它们的身体非常柔软，柔软到几乎可以将自己塞进任何想去的地方。

　　章鱼没有脊椎，这使它可以穿过一个银币大小的洞。它们最喜欢做的事情，就是将自己的身体塞进海螺壳里躲起来，等到鱼虾走近，就咬断它们的头部，注入毒液，使其麻痹而死，然后美餐一顿。对于海洋中的其他生物来说，章鱼可以被称得上是最可怕的动物之一。

然而也正是它的这一特点，使它成为了渔民的猎物。渔民们掌握了章鱼的天性，他们将瓶子用绳子串在一起沉入海底。章鱼一看见瓶子，都争先恐后地往里钻，不论瓶子有多么小、多么窄。结果可想而知，这些在海洋里无往不胜的章鱼，成了瓶子里的囚徒，变成了人类餐桌上的美餐。

是什么囚禁了章鱼？是瓶子吗？那只是表象，瓶子放在海里，瓶子不会走路，更不会去主动捕捉。真正囚禁了章鱼的是它们自己。人们的心灵有时候也如同这些盲目的章鱼，当他们遇到苦恼、烦闷、失意、诱惑的瓶子时，却以为找到了自己的目标拼命往里钻，最终将自己囚禁起来，无力挣脱。

太不关心自己的心灵成长的人，也许不一定是有意为之，但这可能是致命的，会让其败了还不清楚是怎么回事。武术大师李小龙曾说：倘若心中无任何固守僵结，外在事物则会自然敞开出现。如果不能打破心的禁锢，即使给你整个天空，你也找不到自由的感觉。

追求心灵成长，就是为了活在觉察之中，去接近或者达到真善美的境界，为了感受和表达爱和感恩，为了去创造更多，去体验更多的喜悦，过一种富有意义、和谐、美好而丰盛的生活。另一方面，对心灵成长的追求并不是要忽视或否定世俗生活，而是要真正明白，在我们所追求的成功与名誉、权力与财富、安全与满足的背后，我们所真正渴望的是自我的实现，简言之，就是活出我们灵魂的特质——真善美、自由、爱和喜悦。

能做到心灵成长的人懂得梳理生命在这个博大的宇宙中的各种关系，人与自我、人与自然、人与社会应该是最重要的三种关系。和谐地处理好这些关系的人是有福的。因为成长会带来和谐和福分！

成长的心灵会仰着头看天，更会低下头来看路。心灵感觉起来是与现实不同的，连接着宽广的天，但又是那样实在地连接着脚下的实在的大地，务实地面对现实、照进现实，乃至务实地让现实美起来，让心喜悦起来。仰着头是高贵的、向上的、执着的、无悔的、更是宽广的，低下头是踏实的、冥想的、充满敬畏的、富有信仰的。

心灵成长是一个与至高能量不断接近的仪式，生活本来就很像一场接一场无穷尽的仪式。当仪式是随意的，甚至不懂得仪式价值的时候，成长就尚未开始；当几乎不再有任何仪式，将所有仪式归于平静的生活的时候，成长才能达到更高的境界，一种至善的境界。

不必拘束于条件，去追寻内心的安宁

若论胸怀，当属先贤的胸怀为至境："不以物喜，不以己悲。先天下之忧而忧，后天下之乐而乐。""先天下之忧而忧，后天下之乐而乐"，把国家、民族的利益摆在首位，以全天下的忧乐为忧乐,这是一种博大胸襟,古往今来能达到这种境界的人并不太多。如果我们能够做到"不以物喜,不以己悲",不管在什么环境、什么客观条件下,都可以保持豁达淡然的心态,则已经可以说是难能可贵了。

人生之遗憾总会存在,它们很容易让心胸不够宽广的人忧愁烦恼,身处富足之中,也不见得就可以快乐无忧。

一个富翁忧心忡忡地来到教堂祈祷之后,他去请教牧师。"我虽然有了金钱,但我感觉我并不幸福,我甚至不知道我应该用我的金钱做些什么。它能买来欢乐和幸福吗?"牧师让他站在窗前,看外面的街上,问他看到了什么,富翁说:"来来往往的人群,多么美妙啊!"牧师又把一面很大的镜子放在他面前,问他看到了什么,他说:"我看到了我自己,我很沉闷。"牧师道:"是啊,窗户和镜子都是玻璃制作的,不同的是镜子下镀了一层银粉,单纯的玻璃让你看到了别人,也看到了美丽的世界,没有什么阻拦你的视线,而镀上银粉的玻璃只能让你看到你自己,是金钱阻拦了你心灵的眼睛,你守着你的财富,就像守着一个封闭的世界。"

其实在生活中,人人都有自己的局限。世界之大,即便我们穷尽一生,所能看到、听到、感知到、体会到的事物也是极其有限。要想超越局限,成就"大我",我们需要换个高度看问题。别再抱怨上天的不公,它对待我们每一个人都是一样的;别再抱怨人生的道路太曲折,如果不是因为这些曲折,你就不会有现在的坚强意志;别再抱怨那些不如意的事情,只要你放开心扉，从另一个角度去思索，会发现上天是公平的、人生的道路是畅通的、生活同样是精彩的……

有一个女孩，是个大学三年级的穷学生。一个男生喜欢她，同时也喜欢另一个家境很好的女生。她们都很优秀，他不知道应该选谁做女朋友。有一次，他到那个很穷的女孩家玩，她的房间非常简陋，没什么像样的家具。但当他走到窗前时，发现窗台上放了一瓶花——瓶子只是一个普通的水杯，花是在田野里采来的野花。就在那一瞬间，他下定了决心，选择那个穷女孩为自己终身所依。促使他下这个决心的理由很简单，那个女孩子虽然穷，却有一份美好的心情来对待生活，将来，无论他们遇到什么困难，他相信她都不会失去对生活的信心。

对于每一个人来说，出身、环境乃至某一段人生遭遇，都不是我们所能选择的，我们唯一可以控制的，就是自己的心情。如果我们能拥有一颗宁静广博的心，就不会因为环境的压力而灰心，不会因为眼前的困苦而沮丧。

每个人的人生，都会有高峰，有低谷，有突来的悲喜，有意外的得失，如果你缺乏应有的心胸和定力，很容易就会像激流中的树叶一样被卷入其中，失去自主能力，离"不以物喜，不以己悲"的境界越来越远。这时候，与其空自叹息，不如从一些具体的事情中开始自我调整。

1.做生意。投入10万元，原本想肯定能赚100万元，由于种种原因，最后只是勉强持平。这样的时候，你后退一步想想：毕竟没有赔钱。当然了，退不是逃，你得总结一下，那90万元是怎么未到手的。

2.做股票。眼光奇准、运气奇佳时，赚得盆满钵满，心情大爽，一时间满脑子都是K线图，连自己的主业也疏于管理。爱钱无罪，赚钱更无罪，只是不能让眼下的得失控制心情，回归淡然，才能持久。

3.生病。已经生病了，心情肯定不会很好，但心情不好对你身体的恢复只有坏处没有好处，因而尽量使自己不要沉迷在病态缠绵中不能自拔，后退一步：毕竟只是生病，那就趁这个机会好好休息一阵，平时还难得有这样的机会呢。

世间事起起落落都是正常，因为世界毕竟不是你一个人的世界，造物主要尽量公平一些，不可能把所有的平安幸福都降临到你的头上，也要适当考验考验你，看看你在高潮、低谷时会分别是一种什么样子。如果你反应过激，他还会继续考验你，直到你能以一种平和的心态去看待、对待这一切波折起伏。

平和淡然并不是一种消极的心态。有的时候，你后退一步，反而能看得更清楚，由此寻找到一种海阔天空的人生境界，这也是一种积极的心态，也是做人的一种境界。

向孔孟学习让人生快乐的智慧

儒家文化历史悠久,儒家的智慧为当今世界所重视,因为它能够有利于世界和谐,有利于人生幸福。

儒家的代表,当推孔孟,孔子是儒家学派的创始人,孟子是孔子之后儒家学派的主要代表。孔子在《论语》里提到,三种快乐有益,三种快乐无益。

孔子曰:"益者三乐,损者三乐。乐节礼乐,乐道人之善,乐多贤友,益矣。乐骄乐,乐佚游,乐晏乐,损矣。"

翻译成现代汉语的意思是,孔子说:"有益的快乐有三种,有害的快乐有三种。以得到礼乐节制为快乐,以称道别人的好处为快乐,以有许多贤德之友为快乐,这是有益的。以骄矜自喜为快乐,以游荡无度为快乐,以宴饮作乐为快乐,这就是有害的。"

礼乐节制、与人为善、多交贤友,人们可以从此三乐中得到教益,改善自己的行为,从而获得进步,好处是显而易见的。但是这都需要我们克制自然的愿望,接受道德的指引,所以这益者三乐虽好,做起来却不容易。佚游之乐、宴乐之乐符合人们喜欢享受的天性,实行容易,却不好控制,一不留神,就会滑入浪荡子的行列里。

儒家贴近人世,对人间的功名利禄、美食美色,孔子都持宽容态度,没有这些东西的点缀,人生也未免太清苦、太枯燥了些。我们只要能调节好"损者之乐"与"益者之乐"的关系,就不失为一个贤达之人。

在生活中,我们每一个人都在有益的快乐与无益的快乐的选择间左右摇摆。贤哲的"益者三乐"是我们的目标,"损者三乐"是我们的底线,我们要享受人生,同时也要珍惜人生。

孔子谈到卫国的公子荆时说:"他善于居家度日。刚有了一点财产,便说:'差不多够了。'稍为多一点时,便说:'差不多完备了。'更多一点时,他说:'差不多完美无缺了。'"我们可以看出来,公子荆是个不为物累、知足常乐的人,有一点财产就认为差不多了,再多一些,就当是帝王神仙的生活。这就给自己以后的日子留下一段回落的空间,有了抗击任何变故的心理承受力。孔子对他的评价,含有赞扬之意,唯有乐在当下,追求"益者之乐",摒除"损者之乐",才是可以时常享受的真正的快乐。

孟子继承了孔子的快乐观,并有所发展。

《孟子·尽心上》记载:"君子有三乐,而王天下不与存焉。父母俱存,兄弟无故,一乐也;仰不愧于天,俯不怍于人,二乐也;得天下英才教育之,三乐也。"

大意是说:君子有三种快乐,而称王天下不在其中,即有三种快乐超过了称王天下带来的快乐。

第一种,"父母俱存,兄弟无故"。人生的快乐在于人性可以发展,而人性可以发展的时候就跟父母健在、兄弟姐妹没有任何灾难连在一起了。

第二种快乐叫作"仰不愧于天,俯不怍于人",就是现在所说的"俯仰无愧",即抬头看天不觉得惭愧,低头看人也不觉得惭愧。孟子所说的天就是人的心,抬头看天即是扪心自问。

第三种快乐叫作"得天下英才教育之"。英才即有心上进者。受教者有上进心的话,教导者就能感觉到当老师的快乐,因为文化需要继承,需要发展。这样的快乐,难以形容。

人活在世上对天要有个交代。人跟动物不一样,人有人的使命,这个使命就是好好做一个人。好好做一个人是说坚持人性向善,设法择善,追求止于至善。这就是获得快乐的坚实基础。

儒家学说可以放到每一个人身上,一方面你要活在人群里面,没有人际关系的网络,根本不可能生存发展;但是另一方面,你不能选择你周边的人,因为很多已经定了。很多时候,在颠沛流离之际,你才能真正看透人生里面什么是不必要的,什么才是最重要的。人首先是面对自己的人性,人性向善,真诚引发力量,要由内而发;快乐亦是由内而发。

我们平常看故事喜欢一个快乐的结局,觉得圆满了、团圆了。但是很多事情做了半天也没有结束。儒家不在乎结局是否圆满,而在于你是否继续在做,要有恒心、由内而发。

在这个物欲横流、急功近利的时代,我们要提高能力、修养心灵,更要清楚什么是正确的追求,降低欲望、去除妄念,这样才能快乐!

心态越是积极，忧虑越远离你

什么是心态？简单地说，心态就是我们对自己、对他人、对社会、对事情、对问题的看法和观点，就是我们对工作、对事业、对家庭、对朋友、对同事等方面所持的观点和态度。

对事物的看法，没有绝对的对错之分，但有积极与消极之分，而且每个人都必定要为自己的看法承担最后的结果。

雨后，一只蜘蛛艰难地向墙上已经支离破碎的网爬去，由于墙壁潮湿，它爬到一定的高度，就会掉下来，它一次次地向上爬，一次次地又掉下来……第一个人看到了，他叹了一口气，抱怨说："我的一生不正如这只蜘蛛吗？忙忙碌碌而无所得。"于是，他日渐消沉。第二个人看到了，他说："这只蜘蛛真愚蠢，为什么不从旁边干燥的地方绕一下爬上去？我以后可不能像它那样愚蠢。"于是，他变得聪明起来。第三个人看到了，他立刻被蜘蛛屡败屡战的精神感动了。于是，他变得坚强起来。

生活中不可能没有失败和挫折，有的人一旦遇到失败和挫折，就会丧失意志和勇气，因之退缩；有的人则能从失败中吸取教训，获得经验，并使之化为一种前进的动力。困难可以将人击垮，也可以使人重新振作，问题是你如何养成积极的心态。抱怨是无济于事的，不妨及时调整一下自己的心态，重新审视自己，转变观念，改变思考和行为方式。面对生活的困境，要积极地为创造无限美好的未来而努力。

"改变心态"很抽象，实行起来有一定的难度。但是我们可以从改变某一个具体的想法开始，用一种新的眼光来看待自己目前的处境，然后你的心态就会随之发生一些意想不到的变化。

在一次培训课上，一位学员因为刚刚丢了手机，情绪非常低落。

于是，老师就用一些心理学原理，来帮助她克服心理低潮。老师启发她说："应该怎样解决这件事？"她说："很简单，努力学习增加业绩的方法，回去之后，一个月之内，业绩发展到十万，赚到钱之后买一部更好的！"

当她讲完这句话之后，所有的人都给予了热烈掌声。同时，她也非常兴奋地开始在众人面前跳舞。她高兴得不得了，还一边笑一边告诉自己，手机丢了很快乐，因为可以买更好的手机了。

当我们在生活中遇到某种问题时，千万不要只纠缠于问题的本身，不然，这不仅会让你情绪低落，而且你一定想不出个所以然的。换一种思路想问题，前面的路就会开阔得多。

人生就像一次旅行。不同的旅行者在同样的旅程中，遇到同样的挫折坎坷的时候，无外乎会有三种态度。第一种是积极进取，直面人生。这种人敢于向命运挑战，不怨天尤人，愈挫愈勇，最终能成为生活的强者。旅途虽然艰辛但也收获颇丰。第二种就是消极颓废，自甘堕落。他们但凡遇到点滴挫折或者阴雨天气，就会停滞不前，甚至被风雪击垮，这种人很容易自暴自弃。第三种就是麻木不仁，无所作为。这种人对一切都是逆来顺受，抱着一种无所谓的态度，不思进取，认为一切都是上天注定，这样的人生活往往是一潭死水，毫无生机可言，人虽在旅途，但领略不到旅途的快乐。

要想成为一个像样的旅行家，要有承担风险的勇气，才可以看到别人不曾拥有的快乐。

有一位学界名人，对自己的一位老师非常敬佩，他回忆道：

在我上大学的时候，遇到一个教苏俄文学的老师。他还没有来上我们班的课之前，同学们只知道老师是早年的"右派"，经历过许多的曲折，一生坎坷，上课来的时候，方才见他满头白发。老师非常有魅力。在我的记忆里，那是我一生中最敬爱的老师了，上他的课的时候，我总把他想象成俄国的流亡诗人，充满了浪漫与苦难的情怀。那是我上得最认真的课，也是我考得最好的一门课，在那半年里，我想我真正学会了如何阅读，如何把我的专业与我的内心生活结合起来。在寒假里，老师为我补习英文，他虽然不教英文，却有很好的英文功底，为此，我常到他的家里去。于是我们有了一次关于磨难的谈话。

我们谈到他几十年的"右派"生涯对他一生的影响，显然那种屈辱和被损坏的生活破坏了老师一生作为一个有天赋的知识分子的平静生活。但老师说："如果没有这么一次磨难，也许我会像一帆风顺的知识分子一样浅薄无知。"

这句话使我很震动。用了许多年、经历或者目睹了许多事后，我渐渐明白了老师的话，其实每一份磨难在不屈的人们面前都会化为一种礼物、一种人格上的成熟和伟岸、一种对人生和生活的深刻的认识。

"浮生若茶",人在面对坎坷困境时的磨砺就如茶叶在沸水中翻腾挣扎,而那四溢的香气,就如人们挺过痛苦与折磨后而迎来的让人欣慰的成功。

人每天为生活忙碌,若想使心灵获得动力来源,就需要进行思维训练,设法拔掉那些思想上的"杂草",给自己另一套比较积极的思维方式。下面的规则简单易行,可以为我们提供必要的帮助:

1.构思你自己成功的形象,并牢牢印在脑海中。不屈不挠地固守这幅心像,不容它褪色。

2.每当有消极的想法浮上心头时,请马上采用一个积极的想法来与之对抗。

3.有意忽视每一个所谓的障碍,把阻力缩小。在研究如何解决遇到的难题时,请先作有效的处理,以消除对它的畏惧之心,千万别因恐惧而把问题看得太严重。

我们的生命本该具有顽强的生命力和无穷的潜能。一个坚强快乐的人要有独立、平和、宽容的品质,更要有直面坎坷、创建自己幸福的勇气。

想要快乐人生,那就走慢一点

当我们清晨醒来,要做的第一件事,不是拉开窗帘,呼吸一下室外的新鲜空气,而是朝床头的闹钟摸去,看下它的指针指在

第六章 丰富内心，心灵的富足才是真正的财富

了什么位置，然后以最快的速度穿衣、洗脸、刷牙，甚至早饭都来不及吃，就匆匆下楼，冲向能够让我们的生活得以继续下去或者更好的工作场所。

每天，我们就这样重复着如此这般的匆忙，每个人就像一只高速旋转的陀螺，或者是一台一心向前冲刺的机器。但不管怎么说我们都是血肉之躯，长期处于重压之下，难免要出问题。除了身体上的疲累之外，还会产生工作效率差、紧张、压抑、对生活无兴趣等种种状况。

白手起家创立了自己的教育培训公司的岳强，一直都是一个非常努力的人。他出身农村，是整个家族的骄傲也是整个家族的希望。年轻的时候，岳强就总想攒更多的钱，读更多的书，拿更高的学位。快到30岁的时候，岳强才遇到一个彼此都喜欢的女孩，可是当时正是他事业上吃紧的时候，并没有太多的时间去陪女朋友。即使好容易抽出点时间在一起，岳强也是放不下工作上的事情，常常是一个电话就又匆匆赶回公司。尽管岳强一再保证等公司上了轨道，就一起出去旅游，好好地去放松，遥遥无期的等待，还是让女孩逐渐灰心失望，两人最终分手。

几年后，岳强在事业上小有成就，生活中那种最简单的快乐却离他越来越远。

很多人都认为永不停息的奋斗能让他们的生活更保险，所以，他们把现在的生活过得潦草而廉价。其实这是对生活没有自信的表现。健康地享受是人生的进步。当你为了将来而省略了生

活中应有的享受时，你的生活就打了九折；如果牺牲了自由与亲情，你的生活就打了七折；如果你放弃了自己的意愿和爱情，那你的生活就打了对折，再富足的生活也经不起打折。

相反，如果你懂得给心灵松绑，你会猛然发现，快乐不是对未来的期待，而是即时就可以拥有的东西。

沈佳是一个要强的女孩子，从小到大做任何事情都没有让家里人为她操心过。经过多年的打拼，她有了一家属于自己的服装店。当了老板的她，比以前更忙了。店里线上线下生意都有，相互补充，做得很红火，沈佳大事小事都要慎重决断，里里外外忙得不可开交。她的脾气开始变得急躁起来，常常心情无缘无故地就陷入低潮，不知道自己为谁辛苦为谁忙。

在一次开车上班途中，沈佳匆忙之中不幸和一个醉酒驾车的人撞了个正着，虽然车身撞得不轻，但生命并无大碍，只是右腿小腿有轻度的骨折现象。从医院出来之后，她听从医生的建议，打算在家休养几天。母亲听闻此事，从老家火速赶来了。

在即将痊愈的冬日早晨，她安静地坐在阳台上晒太阳，看着母亲迈着颤巍巍的脚步，从厨房到客厅不停地忙碌着，花白的头发在冬阳的折射下将母亲映托得更显苍老。刹那间，她鼻子一酸，惭愧之余，温暖的幸福也溢满了整个身心。她突然意识到很多年没有好好陪母亲吃过一次饭、逛过一次街了。每次回去也是匆匆地来又匆匆地回去。是这次并无大恙的意外让她的脚步慢了下来，也让她看到了很多平时被忽略的幸福。

其实,这个世界原本很美好,她的美丽是需要我们用眼睛去看、用心去体会的。我们的旅途很短暂但也很漫长,其间的辛苦和劳累自不待言,但是别光为了赶路而忘记欣赏沿途的美丽风景。如果你实在调整不好自己的节奏,那么请留意下面的快乐法则:

1.乐于和人交往并保持友好的人际关系。

2.积极锻炼身体,保持活力。

3.开展正常的恋爱和婚姻生活。

4.对自己的期望值恰到好处,不赚过分的钱。

5.热爱大自然。

6.经常与亲人相聚。

7.小事忽略,烦恼忘得快。

8.作息时间有规律。

9.从职业中发现乐趣,否则便要发展一项业余爱好。

如果你没有感受到生活中的快乐,可以放慢脚步,停一停,看一看。每个人都可以用多种形式自我放松,缓和自身的心理压力和排解心理障碍。对抗灰暗压抑的心情,除了你自己,没有任何人任何外力可以帮到你。

心里怎么想,你的事业和财富就能达到怎样的高度

潜意识的力量是巨大的!它从内心发出,影响着人们的行为。

潜意识人人都有，但高低不同，古往今来，大凡取得卓越成功的人，或许是因为机缘巧合，又或许是自己的努力，他们的潜意识力量必然取得了卓越开发。

每天，我们从自己或他人那里接受的各种暗示，会给我们带来喜悦和信心，也会给我们带来郁闷和不安。这就是潜意识对生活的影响。一个人的心理暗示对自己很重要，你想要快乐，就多给自己一些阳光的暗示；想要运气好，就多给自己一些自信的暗示。当一个人正面的潜意识被全面激发的时候，所带来的改变往往超乎我们的想象。

有位跳高教练发现了一棵好苗子——男孩才16岁，身高1米88，双腿修长，弹跳出色。教练如获至宝，对他进行精心的培养，安排了一整套训练计划：从体能到爆发力、从理论课到过杆技术，无不细心指点。

三个月下来，男孩有了长足进步：已经能越过1米89的杆，成绩提高了二十多厘米。教练非常高兴，因为，再提高1厘米，自己的弟子就可以破市纪录了。可就是这1厘米，成了无法逾越的障碍。教练想了各种各样的办法，诸如增强弹力、技术更新、补充营养，甚至物质刺激、精神鼓励等，但是两个月下来，男孩的成绩正常状况下只能维持在1米85至1米89之间。这可把教练急坏了。

苦思冥想后，教练终于想出了一个奇招，准备试试。一天，跳过1米86后，教练直接将横杆升至1米90。按照平时的习惯，横杆总是2厘米2厘米地往上升。此时，男孩并不清楚横杆的实际高度。第一次试跳失败时，教练大声呵斥："怎么连1米88也跳不过去?"男孩第二次居然一跃而过!教练心中暗喜:原来心理作用有时大于生理和体能本身。他严守着"秘密",直到自己的弟子在这种"特殊培训"下越过1米92时,才将一切告诉他。最终,男孩儿在市田径运动会上,如愿以偿地破了纪录。

很多事情,不是你没有能力达到,而是你认识达不到,过低地估计了自己水平。

在我们成长的环境中,也有许多肉眼看不见的链条系住了我们。我们经常将这些铁链当成习惯,视为理所当然。就这样,我们独特的创意被自己抹杀了,认为自己无法成功。在竞争激烈的现代社会,不前进,则意味着被淘汰。如果你天天得过且过,甘愿做一个掉在队伍后面的边缘人,而不能根据自己的强项,去争取做个强者,就注定无法成其大事。

相信自己的力量,相信自己的前途中存在一切可能,这才能充分调动一个人的主观能动性。特别是在一个人年轻的时候,要尽可能充分挖掘他的潜力和天赋,增进他为人处世的能力,这样,他才能有一个好的心态和好的习惯去实事求是、踏踏实实地做事情,不会因为偶尔的挫折去怀疑自己的能力。

艾伯特是一名普通的汽车修理工,生活虽然勉强过得去,但离自己的理想还差得很远,他希望能够换一份待遇更好的工作。有一次,他听说一家汽车维修公司在招工,便决定前去试一试。他星期日下午到达维修公司所在地,面试的时间是在星期一。

吃过晚饭,他独自坐在旅馆的房间中,想了很多,把自己经历过的事情都在脑海中回忆了一遍。突然间，他感到一种莫名的烦恼：自己并不是一个智商低下的人，为什么至今依然一无所成，毫无出息呢？

整个晚上，他都坐在那儿自我检讨。他发现自从懂事以来，自己就是一个极不自信、妄自菲薄、不思进取、得过且过的人；他总是认为自己无法成功，也从不认为能够改变自己的性格缺陷。

于是，他痛下决心，自此而后，决不再有不如别人的想法，决不再自贬身价，一定要完善自己的情绪和性格，弥补自己在这方面的不足。

第二天早晨，他满怀自信地前去面试，顺利地被录用了。在他看来，之所以能得起那份工作，与前一晚的感悟以及重新树立起的这份自信不无关系。

在走马上任的两年内，艾伯特逐渐建立起了好名声，人人都认为他是一个乐观、机智、主动、热情的人。现在，艾伯特已是同行业中少数可以做到生意的人之一了。公司进行重组时，分给了艾伯特可观的股份，并且给他加了薪水。

即使那些表面上成就卓著的人，也曾经有灰暗的一面，也有失去信心的时候。但与一般人不同的是，他们没有将自己的怀疑表现在言辞行动上，而是在潜意识中进行自我引导。有意思的是，当你超越自己，做出了一定的成就的时候，心态也会自然而然地发生改变，热情越来越高、信心越来越足时，过去已被远远地抛在脑后。

下面是那些成大业者、富人的潜意识特质的整理，可供我们时常诵读或者记忆，从而巩固于内心，形成潜意识：

我热爱我所做的工作，因为工作使我愉快，有成就感，同时有丰富的收入。

我是一位好老板，我深受下属的爱戴与支持。

所有世界上的钱都不断地被我吸引而来。

我已经非常富有，我再也不必受到金钱的困扰，我愿意帮助其他的人成功致富。

我永远珍惜我的财富，我衷心感谢我所获得的财富。

从今天开始的每一天，我和周围的人们相处和谐，我的脾气越来越好，我的笑容越来越多……

第七章 日行一善，尽己所能回馈社会

作为一名成功的社会人，将你的财富取之于众并还之于众乃世间大道。种福行善，一则可以成就自己的德行，二则可以树立良好的企业形象，三则可以促进社会的整体和谐。"富不肯读书，贵不肯积德，错过可惜也！"

行善积德可以改命改运

行善积德，必有福报。《周易》说："积善之家，必有余庆；积不善之家，必有余殃。"随着你行善积德的累加，命运的密码也会随之悄然改变。

对世间人来说，钱财非常重要。如果能舍财给他人所用，对外能救人急难，对内能去除自身的贪念。虽然最初做时有一些勉强，但做习惯了，心里泰然，就没有舍不得的。这样，最能消除私心，去除对钱财的执着。

明朝华亭县有位官员叫顾正心，官至广西参议。他平时喜欢行善积德，有一次捐出十万四千七百两银子，买了四万八百亩义田，全部施给华亭、青浦两县，作为徭役费用，让老百姓免除负担徭役的困难。

一次，代巡抚来到松江府，禁止除夕燃放爆竹，很多人违反命令被关进监狱，顾正心也被误捕入狱。顾正心入狱以后，看见饥寒的人，就给他们送衣食；有罪犯可以赦免，就出钱代为赎出。最后，整座监狱快变空了。随后，他又出资修理监狱的房屋。他是如此舍己为人，从不希求回报。

后来，两台大人上报他的事迹，皇帝任命他做光禄署丞，他被敬奉为乡贤。

第七章　日行一善，尽己所能回馈社会

行善积德的福报是逐渐积累的，就像烧水，只要持续加热，到了100℃，就能成为开水。行善积德，要有耐心，要努力去做，积累到一定的量，命运才会改变。

清末的红顶商人胡雪岩富甲一方，在慈善方面也不落人后。

胡雪岩的家乡钱塘江，江中流沙多变，历来为航旅视为畏途，常常有人因为渡江丧生。为了解决钱塘江两岸旅客渡江的困难，胡雪岩当时捐银十万两，主办钱江义渡，并立下誓言说："此事不做则罢，做则一劳永逸，至少能受益五十至百年。"

胡雪岩亲自沿江实地考察后了解到，从西兴上船过江，航程远，并且江上风浪大，容易出危险。于是他选择了三廊庙附近江道较窄之处，决定在这里投资兴建"义渡"。码头修好后，胡雪岩又出资造了几艘大型渡船，不仅可载人，还可以载车和牲畜，全部免费渡江，又快又稳又省钱，沿岸的人闻讯无不拍手称好。

至于在平日开门做生意的过程中，胡雪岩更是常有慈善之举。他的大经丝行在门口搭有一座木架子，上面是两口可容一担水的茶缸，竹筒斜削，安上一个柄，当作茶杯，茶水中加上清火败毒的药料。另外门上贴一张簇新的梅红笺，写的是："本行敬送辟瘟丹、诸葛行军散，请内洽索取。"

用现代的商业眼光看，胡雪岩的种种举措，其实也就是一种特殊的广告宣传方式。第一，为自己挣得了热心公益的好名声；第二，取悦了官方，得到了官方的支持；第三，在百姓心中树立了好的口碑，创下了自己的品牌。其后，他果然受到朝廷的嘉奖，为他

事业的不断壮大奠定了基础。

相对古代社会给予善行者的奖赏，现代企业家的慈善行为具有更为广泛的意义。

每个成功的老板都是佼佼者，他们有智慧、有胆识，风云际会中，建立起万人瞩目的事业王国。而成功之后，如何做人与行事，最能考量一个人的心胸气魄。事实上，现实中从不乏十分重视义利两立的极为明智的商业经营者。他们非常善于用余财热心资助慈善、公益事业，这往大里说，是取之于民、用之于民，慈善为怀，体恤众生之苦；往小里说，是在慈善中扬名，在事业中得到更大更高的回报。

在"2007中国慈善家排行榜"上，以制鞋起家的奥康集团董事长王振滔荣获"年度特别贡献奖"。这一年王振滔在北京正式启动了第一个由中国民营企业家设立、以个人名字命名的非公募慈善基金会——"王振滔慈善基金会"，该基金会推出了全新的慈善模式：受资助学生要在工作后资助一名贫困学生，这样，这个基金就会像滚雪球一样越滚越大，受益的人就会越来越多。

慈善的标准并不以捐款多少而论，而是看这一举动能够对社会产生多大的影响力，是否能够用自己的善举带动更多的人去行善，去帮助别人。"王振滔慈善基金会"形成了一个慈善链，在这个链条中，受益的人越来越多，而受益之后的人也会用感恩的心再去帮助别人。可以说，"王振滔慈善基金会"意义非凡，影响深远，既为社会作出了贡献，获得了公众的交口称赞，又取得了良好的营销效果。

对于企业内部来说,通过参与慈善事业,能够树立良好的、正面的企业文化,提升员工的整体素质,使企业员工具备社会责任心,懂得回报社会。员工的整体素质提高了,就会以更好的态度投入到工作当中,也能够为消费者提供更好的服务,这样一来,就能够从根本上提升企业的凝聚力和竞争力,这样的企业在市场竞争中往往会所向披靡。

人类因为慈悲而高贵

慈悲之心不仅表现在物质的施予,更是一种对他人的苦难、艰辛和懦弱的感受能力,是人类特有的高贵情怀。同时,慈悲之心也是人际交往中应该具备的条件之一,人与人之间相互同情,相互关心,那么家庭就能充满温馨和关爱,社会就会成为一个和谐的大集体。

慈悲之心的核心,在于爱和怜悯。著名的美国聋盲女作家海伦·凯勒说过:"我发现生活很令人兴奋,特别是当你为他人而生活的时候。"获得快乐的最可靠方法是:竭尽全力使别人快乐。如果你努力把快乐送给别人,它就会来到你的身边。

一天,有个刚做完眼部手术的孩子,摸索着来到了医院后院,坐在一棵大树下。一片树叶飘到了他的头上,他随手一摸说:"这是杨树叶,还是……""是杨树叶。"接着,一双大手摸到了他的头上。"小朋友,几岁啦?""12岁。""你眼睛不好?""啊,从小就有毛病。伯伯,您说这世界美丽吗?"

"美啊!你看,这天空是蓝色的,这远处的山雄伟挺立,那云朵洁白可爱。在咱们对面有一泓清水,水面上浮着粉红的荷花,碧绿的荷叶。"当孩子沉浸在欢乐中时,突然,他抓住那个人的手,问道:"伯伯,我的眼睛能治好吗?"

"能,能!孩子,只要你认真配合医生治疗,就会好的。"

"真的?"

"真的!"

"那边是什么?还有那边儿……"

"那边呀?是……"

以后,就时常看见两个人谈天的身影。

过了一段时间,这个盲童终于拆了线,他适应了刺眼的阳光后,便跑向了后院。当他来到那个黑暗中给予他欢乐的地方,用他那明亮的双眼向四周一望,他愣住了。原来,这里没有花木,没有清水,没有大山,有的只是一堵墙壁和一棵老树。在残秋冷风中坐着一个老人,他戴着一副墨镜,身边放着一根探盲棒。老人捧着一片杨树叶,在低低地说着什么。

"爱出者爱返,福往者福来。"给予别人,等于给予自己。我们在给予的时候,就注定了获得的渴求,我们给予他人爱、同情和鼓励,然而我们本身并未因为给予而有所减少,反而会由于给予而获得更多。我们把爱、同情、善意给人得愈多，我们所能收回的爱、同情和善意也就愈多。正是有了这种渴求，才使我们的给予有了动力。天上没有掉下来的馅饼，更没有免费的午餐，我们时刻都在渴求着什么，希望着什么。

一颗善良的心，一种爱人的性情，可以说是我们最大的财富。因为，我们在成就别人的同时，也成就了自己。对于个人来说，有慈悲心一方面可以使我们关心别人，更好地融入社会，拥有更为和谐的人际关系；另一方面，对他人的同情，也可以充实自己的内心，使我们的感情更加丰富和细腻，心灵更加安宁快乐。

有心理学家通过研究发现，那些热心公益事业的名人、富翁很少有怪僻及其他不良记录，也从来不需要心理医生。世界上存在着这么一条公理：当一个人的付出没有得到金钱和物质的回报时，则可以得到精神愉悦。

一代影后奥黛丽·赫本从小受到基督教科学派的教育，她的信仰建立在人道主义、人性的善良和不断繁衍、生长的自然界中；她的信仰来自那愿意付出一切去改善现状的博爱胸怀。

作为儿童基金会的形象大使，赫本不断地奔波于世界上最穷困、最贫瘠的地方，并且总是精神昂扬，笑容可掬，丝毫不露疲态。

赫本从不像一些女明星，端着架子扭捏作态。她经常摘下墨镜，露出只画了淡妆的面容，一脸随和，与工作人员一起进出，在镜头前悠然自得。她也从没有对着邋遢肮脏的孩子们摆出沉重忧心的面孔，总是毫不迟疑地伸出双手、俯下身，孩子们抬起头，看见的是个平生见过的最亲切的笑脸，是一把最温暖的火烛，一个最美丽的天使。

她与孩子们一起学习，一起游戏，一起交谈，在破烂的黑板上画出一个大大的心，告诉孩子们最基本也是最高尚的爱的含义，帮助小女孩扎起一个与自己一样的发髻，肯定并鼓励她们对美的追求。

赫本到哪里，就点燃哪里，照亮哪里。除了物资，还带去无法计数的温情与感动。纪录片中有一个片断，是赫本和考察团一起离开柬埔寨的一个小小的村落时的情景。在一条窄窄的山边小道上，全村的人们自发地为他们送行，排成了一条长长的队伍。大人们眼里含着泪水，孩子们脸上写满无限的依恋与不舍。也许在他们看来，赫本就是一个真正的天使，赋予他们力量，赋予孩子们奋发与希望。

赫本离开荧光灯下的繁华，走进世界上最穷困的土地，她付出了爱，同时也将名利场中的空虚、寂寞、孤独、惶恐一扫而空，真正成为了一个美丽一生的天使。

高尔基说："给予，永远比拿愉快。"给予是千种真诚的付出，更是千种无限的快乐。让我们在人生的道路上，心存感恩，热心地帮助每个需要帮助的人，关爱每一个需要关爱的人，我们会在这种仁爱而无私的给予中，得到别人的尊重和敬仰，实现自己的人生价值，感受到"给予别人，快乐自己"的富足人生。

孝心是所有善行中最先该做到的

俗话说：百善孝为先。孝道是做人的根本。在所有的善行中，孝顺是第一位的，最重要的。一个人孝心打开了，百善也就都开了。

父母为我们的付出何其多也！从我们出生开始，喂奶换尿布、生病时不眠不休地照料、教我们生活基本能力、供给读书，关心的行动永远都不停歇。如果有一天，他们真的动不了了，角色互换不也是应该的吗？

一对外国的父子坐在庭院里乘凉。父亲坐在长椅的这一边，双手搭在立着的拐杖上，儿子坐在长椅的另一边，头也不抬地看着手中的报纸。这时，不远处的树梢上飞来了一只麻雀。这引起了父亲的注意，他的目光随着麻雀跳来跳去，他问儿子："这是什么？"正在看报纸的儿子，抬了一下头扫了一眼，回答说："那是一只麻雀。"父亲不作声了，还盯着那只麻雀。这时麻雀不飞了，下落到了另一边的草坪上，父亲问儿子："那是什么？"儿子抬了一眼，怀疑父亲的眼睛花了，回答说："那是一只麻雀。"父亲又不作声了，他看着小麻雀跳来跳去的，又张口问儿子："这是什么？"儿子停止了看报纸的动作，极不耐烦地说："麻雀。爸，我和你说了多少遍了，那是一只麻雀。"父亲依然没有表情，马上接着又问："那是什么？"儿子觉得父亲有点无聊，语气更加地不好，大声地说："麻雀！"父亲再问：

"那是什么？"儿子终于怒不可当了，大声地对父亲喊着："那是一只麻雀！为什么你会是这个样子，我已经告诉你很多次了那是一只麻雀，你没有听进去吗？"

父亲没有再问下去，示意儿子在原处等一下，自己蹒跚地走进屋子，儿子对自己刚才情绪的失控也有了一点悔意。这时父亲出来了，手里拿出了一个厚厚的本子。翻到某一页递给了儿子，严肃地说："大声地念。"原来这是在儿子小的时候父亲为他记录下的成长日记，儿子照着父亲的意思念着日记，越念下去儿子的悔意越深。日记里这样写着："今天，我不久前刚满三岁的儿子和我一起坐在公园里看见一只麻雀在我们的面前，我的儿子问了我21遍——那是什么？而我也回答了21次'那是麻雀'。我一直抱着他，他问着我相同的问题，重复又重复，我不生这天真而好奇的小男孩气的。"父亲笑了，儿子感到无比地难过，他一把搂过父亲的肩，在父亲的额上亲了一下。

当我们年幼时，父母就是一方天空。即使他们只是社会上的小人物，能力微不足道，也会尽自己最大的努力，让孩子们感受到世界的温暖，生活的快乐。时光辗转，他们老了，孩子们长大成人。这时候，孩子和父母的关系，整个儿就颠倒了过来，为人子女者，有义务担负起父母的晚年生活。

孝道也是要分层次的，第一层是孝养父母之身，此为小孝。即让父母不缺吃，不缺穿，有房子住等等。这一点我们大多数人都可以做到，能做到这点就不算不孝，可也算不得已经尽足了孝道。孝道的第二层是孝养父母之心，此为中孝。这是指在养父母之身的基础上还要让父母开心，让父母宽心、放心，获得精神上安慰。

有兄弟两个，哥哥很富有，弟弟很贫穷，哥哥每次给父母钱的时候都嘱咐一句，告诉你们不准给那个穷弟弟。父母会不会给他？保证会给，不敢明着给就暗着给，而且给弟弟钱的时候还要嘱咐一句，不要告诉你哥哥我给你钱了，是不是？你看儿女都是父母的心头肉，弟弟生活得不好，父母也不会真正地开心。后来哥哥学了《弟子规》，他学懂了一句话，《弟子规》上有一句话，"兄道友，弟道恭，兄弟睦，孝在中"，就是兄弟之间把关系搞好了，和睦了，互相关心互相帮助，也是对父母的孝，这句话他学明白之后，拿出资金来帮助弟弟办厂，帮助弟弟致富，弟弟富有了，父母的脸上才露出灿烂的笑容，这个哥哥做到了养父母之心。

孝不是做给外人看的，所谓孝，其实也简单，不外乎是体贴老人的心意，让他们心中舒畅罢了。如今社会发达、物质丰富，老人们衣食不周的情形少而又少，他们所缺乏的，是那种精神上的慰藉。从内心的意愿说，我们都希望父母的晚年生活能够过得快乐，并愿意为此尽自己应尽的那份责任。所有一切父子冲突问题、婆媳关系问题，很多是由于两代人观念的不同而产生的分歧。对父母尽孝，就需要你扔掉自己的固有的观念，尊重他们的内心需求。

孝道中更高一层的境界，是孝养父母之志，这才是大孝。都说望子成龙,望女成凤,我们应把父母的志向当做作我们的志向来完成,立身行道,扬名于后世,这才便是孝养父母之志。用现代的观念讲,就是用心生活,让自己更成功、更幸福,努力成为父母的骄傲。

此外,还有一层养父母之慧的至孝。我们能够开心、幸福,往往与学习了古圣先贤的教诲、优良文化有密切关系。我们可以把学到的古圣先贤的教诲也介绍给父母亲,让父母也有智慧来过上幸福的生活。

父慈子孝,夫妻和乐,是中国人关于幸福家庭的最重要的标准。恪尽孝道,是对父母恩情的至大回报,是善,也是乐。

一个积德行善的家庭,必然丰衣足食

"积善之家,必有余庆。"出自《周易·坤文言》。意思是行善积德之家,恩泽及于子孙。北宋《司马温公家训》云:"积金以遗子孙,子孙未必守;积书以遗子孙,子孙未必读。不如积阴德于冥冥之间,为子孙长久之计。"为人如果计长远,就要多行善事。这就像你在一片荒地上种树,播下好的种子之后,尽管我们不能保证每一粒种子都发芽开花,但是只要有十分之一的种子长成小树,也是一种非常可观的收获了。在我们熟悉的民间故事里,"善有善报"的典型案例比比皆是。

第七章 日行一善，尽己所能回馈社会

唐代有一人叫裴度，有一个高僧曾给他看相，断言他一月内要饿死。一个月后，这个高僧又看到他说："你今后位至三公。"裴度不服气地说："你一月前说我要饿死，现在又说我今后要位至三公，这是何故？""因为我说你要饿死之后，你回去做了好事，所以免灾不死，还要高升。"

原来，有一天裴度在赶庙会时，拾到两条贵重的玉带，就在庙前坐等失主。失主是一位妇人，她这两条玉带本有急用，是为了典当出去给父亲治病的。如今见裴度归还玉带，十分感动，不知要如何报答他的恩情。裴度说："我要是有所贪求，就不会在这里等失主了。"后来裴度果然官位三公。

做人有福报时，更应该要多积阴德、做善事，而不是一味地享受福报。若福报享受完了，堕落了，再想要积福报，就不容易了。相反，哪怕你暂时没有福缘只有噩运，即时开始积福，运势也可能因此改观。

助人积福，说难也难，说简单也简单。对于一个身陷困境的穷人来说，一枚铜板的帮助可能会使他度过极度的饥饿和困苦；对于一个执迷不悟的浪子来说，一次促膝交心的帮助可能会使他重新建立做人的尊严和自信。古人云："一饭之恩必报。"为什么要报？因为没有这餐饭饥饿者可能就活不下去了，一饭之恩就是活命之恩。《水浒传》中宋江为什么得人缘，那么多英雄好汉都尊敬他？就是因为他善于在别人困难的时候及时帮助，以至人们称他为"及时雨宋江。"

人与人之间的"人情"就是这样微妙且有规律的事情，秉持一颗慈心做人行事，有时候即使只是点滴之劳，也是能带来善果的因由。

一个阴云密布的午后，由于瞬间的倾盆大雨到来，行人纷纷进入就近的店铺躲雨。一位老妇也蹒跚地走进费城百货商店避雨。面对她略显狼狈的姿容和简朴的装束，所有的售货员都对她心不在焉，视而不见。

这时，一个年轻人诚恳地走过来对她说："夫人，我能为您做点什么吗？"老妇人说："不用了，我在这儿躲会儿雨，马上就走。"老妇人随即又心神不定了，不买人家的东西，却借用人家的屋檐躲雨，似乎不近情理，于是，她开始在百货店里转起来，哪怕买个头发上的小饰物呢，也算给自己的躲雨找个心安理得的理由。

正当她犹豫徘徊时，那个小伙子又走过来说："夫人，您不必为难，我给您搬了一把椅子，放在门口，您坐着休息就是了。"两个小时后，雨过天晴，老妇人向那个年轻人道谢，并向他要了张名片，就颤巍巍地走出了商店。

几个月后，费城百货公司的总经理收到了一封信，信中指明要这位年轻人承包自己家族所属的几个大公司下一季度办公用品的采购订单。后来大家也知道事情的原委了，原来那位曾经在这里避雨的老妇人是美国一位亿万富翁的母亲，年轻人的善举，获得了他的赏识。

随后的几年中,年轻人以他一贯的忠实和诚恳,成为了费城百货公司的合伙人。

这又是一个一步登天的故事,但是这个故事又是现实的。费城商店的这个小伙计,没长一双"富贵眼",却很有一股善待所有来客的认真劲儿,他遇到亿万富翁的母亲是偶然的,但是这样的人有贵人提携是必然的。因为他每天都在播种善因,培养善果。

人是感情的动物,很少有以恶劣的态度对待别人的善心的人。"付出总有回报"是世间的真理,以友善的心态对待生活,常常会得到意料之外的收获。世上的人数以亿计,能与我们相逢的都是有缘。有时候,结善缘只需一碗水,结恶缘也只需一句话,那么我们何必吝啬于自己的一点爱心呢?帮了别人时,他回报了那是意外的欣喜,即便没有回报,也成全了自己的人格和心灵,绝对是有利而无损的事情。

不计较吃亏,常常做善事的人必定发达

人生在世,没有无回报的付出,也没有无付出的回报,付出得越多,得到的回报越大,获得的快乐也就越多,只想别人给予自己,那么"得到"的源泉终将枯竭。

百岁老人徐益卿一生四次创业,2008年100岁时在西安创业成功,成为商界传奇。徐益卿常用的口号就是"明去暗来,吃亏常在,

好善必昌",并且还补充说,"这是我的法宝,我的经商秘诀。"

徐益卿去世后,他的女婿、古陶瓷鉴定专家丘小君,为其写了悼词:

您给儿孙留下的不是可以享受的物质财富,而是一笔巨大的精神财富。您是徐氏家族的精神领袖。欣慰的是,您的第三代子孙们无论是小学生、中学生、大学生、研究生,无论是国内的还是国外的,无论在西安还是在外省,个个都是出类拔萃的优秀人才,他们以优异的成绩弥补了您的遗憾。百岁人瑞的您可以含笑而终了。您在天之灵安息吧!我们大家永远怀念您。

"吃亏常在"是确实有它的心理学依据。"吃亏"是一种明智的、积极的交往方式,在这种交往方式中,由"吃亏"所带来的"福",其价值远远超过了所吃的亏。不肯先伸手给予的人,永远也参不透得失的奥妙。史学家范晔说:"天下皆知取之为取,而不知与之为取。"得与失,是可以相互转化的,即使效果不是马上就能看得到,天长日久,功效自然就显出来了。

从前,一个牧场生活着两户人家,一家以牧羊为生,养了许多羊;一家是猎户,靠打猎为生,所以养了许多猎狗。这样问题就出现了——这些猎狗经常跳过栅栏,袭击牧羊户的小羔羊。牧羊户几次请猎户把狗关好,但猎户都不以为然,口头虽然答应了,可没过几天,他家的猎狗又跳进牧场横冲直闯,咬伤了好几只小羊。

终于牧羊户忍无可忍了,就去找镇上的法官评理。听了他的控诉,明理的法官说:"我可以处罚那个猎户,也可以发布法令让他把狗锁起来。但这样一来你就失去了一个朋友，多了一个敌人。你是愿意和敌人做邻居呢还是和朋友做邻居？"牧羊人想了想答道："当然是朋友了。"

于是法官给牧羊户出了一个主意，既可以保证他的羊群不再受骚扰，而且可以赢得一个友好的邻居。一到家，牧羊户就按法官说的挑选了三只最可爱的小羔羊，送给猎户的三个儿子。看到洁白温顺又可爱的小羔羊，孩子们如获至宝，每天放学都要在院子里和小羔羊玩耍嬉戏。因为怕猎狗伤害到儿子们的小羔羊，猎户就做了个大铁笼，把狗结结实实地锁了起来。

从此，牧场主的羊群再也没有受到骚扰。猎户因为牧羊户的友好，开始送各种野味给他以作为回谢，牧羊户也不时用羊奶酪回赠猎户，渐渐地，两人成了好朋友。

一个不怕吃亏、一心向善的人，他的爱心往往多于怨恨，平时为人处事乐观、愉快、豁达、忍让，而不悲伤、消沉、焦躁、恼怒，目光远大，心地平和，人生之路自然也越走越宽广。

当老板做生意，更是要有一种能够吃亏的精神。而凡事锱铢必较、一定要榨取最大化利益的人，首先会失去了生活的乐趣。一个常处在焦虑状态中的人，不但谈不上快乐，甚至是痛苦的。而且只从财富得失的角度说，热衷于计较蝇头小利的人，也不具备成为大富翁的潜质。他们心胸常被堵塞，每天只能生活在具体的事物中不能自拔，习惯看眼前而不顾长远。

对于财富，看得紧不如放得开，大凡最终在生意场上叱咤风云的人物，善待合作伙伴都是他们的一贯原则。对于身边的人和事，他们也必持善意的开放的态度。

一个经济学家在城里一条商业街中开了家店铺。刚来时，他发现这条街坑坑洼洼，到处是残砖乱石，他觉得很奇怪。邻街的商家告诉他，这些石头有用，街上的生意不好做，石头可以使经过的路人或车辆慢下来，人们走进店铺的概率就会增加，这样才能有商机。

经济学家对这种赚钱逻辑颇不以为然，他不听周围人的劝阻，坚决搬走路上的石头，并自己出钱，找人将路面修平。从此以后，这条街人车畅流，呈现出一派繁华景象，商机非但没有减少，反而锐增。原来的商家们疑惑不解地问他：

"路畅通无阻，人们驻足停留的机会应该少了，何以商机反倒增多了呢？"

"路不好走，人们会心生抱怨，以后不愿走此路，多选择绕道而行。经过的行人少了，商机怎么能多？搬走石头修平路面，绕道的人自然便回来了。"经济学家解释道。

俗话说："万事有得必有失。"失去与收获是相辅相成的两方面，它们都是真实客观存在着的，你不能总是看到其中一方面，而忽视另一方面。得与失，必定有其平衡点。你不要总因为失去而痛苦，你也会有成功与收获的时候，得与失需要你去感受和体会，如果你常感到失落，那是因为你的心胸狭窄，如果你常能体验获得的快乐，那是因为你的心态平和。

有些人的小算盘打得再精，终归还是算得了小账算不了大账，善待他人、利益均沾才真正是做生意屹立不倒的基础。

有心理学的研究证明，凡太能算计不吃亏的人，实际上都是很不幸的人，甚至是多病和短命的。他们90％以上都患有心理疾病。这些人感觉痛苦的时间和深度要比不善于算计的人多了许多倍。换句话说，他们虽然会算计，却没有好日子过。那些喜欢占便宜的人，每占了别人一分便宜，就丧失了一分人格的尊严，就少了一分自信，长此以往，必将在人际交往中找不到立足之地。相反，吃亏和好善带给我们的是一个美好的人际交往世界，一处让人安心生活的乐土。

给予他人尊重就是你最大的善意

君子还是小人，仅从外在表相来看，是分辨不出来的。君子与常人的不同之处，就在于他的存心。君子所存的心，是爱人敬人的心。人群之中，人各不同，有亲密的、有疏远的、有尊贵的、有卑贱的、有睿智的、有愚笨的、有贤善的、有鄙恶的。但是这些都是我们的同胞，与我们一体，不该爱谁敬谁呢？

一个人要成为仁人君子，首先要学会尊重别人。在一本杂志上，有这样一个故事：

作者曾经到乡下的母校去听课。在中午吃饭的时候，他发现，其中有一位老教师在喝完稀饭后，伸长了舌头，低下头，捧着碗"滋滋"有声地把碗底的残留稀饭舔得干干净净。如今已经不是饿肚子的时代了，竟然还会有这样的老师。看到他这个样子，大家都禁不住笑了出来。那位老教师听到笑声，露出惊异的目光，且不由得红了脸，极为羞愧地走出了吃饭的地方。一个下午，作者没有再看见老教师的身影。

临走的时候，作者终于看到了这位老教师。他连忙走过去对老教师说了一些比较委婉的道歉话。老教师抬起头说："这是我保持了几十年的习惯了。过去家里穷，吃不饱，经常要求家里的三个孩子这样做，我自己久而久之形成了习惯，到现在还是改不掉，见笑了。"

听了老教师的话，作者深深地为中午的嘲笑感到惭愧。

老教师在艰苦的年代里形成了这样的一个生活习惯，在现代人眼里是不可理解的，甚至是荒唐的；然而只要我们能够走进他的内心深处，我们就会深深地被他的那种和艰苦、贫穷作不懈斗争的勇气所折服。所以说，在任何时候，我们都不要戴着有色的眼镜去看任何人。

诺贝尔生理学或医学奖得主，法国医学家让·多塞曾经说过：

1.请尊重他人，每个人都与众不同；他和你一样，也是这个世界上独一无二的人。

2.请尊重他人，每个人都有选择的自由；唯有让其自立，才能使其自尊。

3.不要给他人造成痛苦，不论伤及的是肉体还是精神；在你伤害他人时，也将给自身造成伤痛。

这个世界本身就是由不同类型的人群组成的，所以我们的世界才如此多姿多彩。在生活中，最珍贵的礼物是尊重和理解。当一个人收到这份礼物时，就会感到幸福，他的自豪感就会得到增进；而馈赠这份礼物的人，也会感到同样的幸福和充实，因为他在尊重和理解他人的同时，自己的精神境界也会变得更为崇高。

仁爱是中国人的最高境界，伟人之所以伟大，除了他的赫赫功业，还因为他的人格魅力。其实，越是从细节上，越可以看出一个人的修养。当我们在办公室、在公园剧院、在车船客机、在宾馆饭店时，随处都留下了我们的个人印记，如果行为不检点，就会给清洁工或者服务员的工作带来许多麻烦。别人在背后是指点我们还是感谢我们，虽然我们已看不到，但总给他人带来阴霾的人，自己的内心也不见得有多么光明敞亮。在我们轻而易举就可以选择做一缕阳光的时候，何必偏偏要做乌云呢？

做仁人，行善事，不仅在于你付出了多少金钱，捐助了多少实物，还在于你对所有人的爱和尊重。"己所不欲，勿施于人"，凡是自己不可以接受的不良态度，也就没有施加于别人身上的理由。遇事多一些换位思考，你会发现很少有什么事情是不可以容忍或者理解的。

当你遭受了额外的压力、不平的待遇、意外的损伤，要走上前去反击的时候，不妨先自问一下："要是我在他的处境之下，我会怎么做？"当我们知道人人都会因被情势所迫做出不得当的举动、都有自己难言的苦衷时，就会不再对那些无关紧要的冲撞和误会念念不忘。这其实并不是多么困难的事儿，中国老百姓有句话叫作"将心比心"，说的就是这个道理。

　　爱敬众人，就是爱敬圣贤。能和众人心愿相通，就能和圣贤的心愿相通。因为圣贤的心愿本是愿世上的人都能圆满各自的所愿，我能普爱一切人、普敬一切人，让世上的人得到平安幸福，我就和圣贤心意相通。这是对他人的成全，也是对自身的成全。

第八章 提升品位,享受另一种生活方式

　　我们探索人生的意义,却从来没有得到一个标准的答案。但是不可否认的是,人生的重要意义之一,是品味生活,是感受和体验生活的快乐。品味生活无关于奢侈和虚荣,它代表着通过素养的提升,重新规划和打理我们的生活,让生活变得有品质、有格调、有情有趣。

努力赚钱但不要被金钱所控制

当老板不可能不爱钱,不爱钱的老板不是好老板。赚了钱,如何去支配你的金钱呢?表面看来,花钱人人都会,可因为没有合理利用好手中的钱而使生活变得一团糟的状况普遍存在,花钱,也是一种艺术。

合理支配金钱,有两个原则必须坚持:第一,金钱带来的欢乐可以放心享受;第二,不要为你的虚荣付费。

在今天,"有钱"已经成了一个极难界定的概念,如果工薪阶层向大富翁看齐,身家过亿的人又盯着财富排行榜前几名的人物的话,那么谁也不能枉称"有钱人"了。所以关于"有钱",我们可以换一种表达方式,有多少真金白银的资产并不重要,只要你可以负担起自己和家人今天的生活和未来的保障,你就有资格成为金钱的主人。

我们需要以责任、创造和成就来完成自我实现,同时也需要以休闲和享乐来调养身心。工作和赚钱固然重要,但是张驰有度才是合理的生活态度,在这方面,世上最富有的犹太人已经给我们作了示范。

犹太民族是一个很会享受的民族,在日常的生活中,他们注重吃喝的享受,吃得好,身体才会更棒。犹太人最大的本钱就是健康。在历史上,犹太人到处漂泊,处处受到迫害,但是犹太人并未因此而从地球上消失,这不能不归功于他们养身有术——注重健康。

犹太教不禁欲,尊重教徒心理和生理的自然需求。犹太人喜欢穿上笔挺的晚礼服,温文尔雅地到豪华餐厅,享受一顿丰盛的晚餐。为了对朋友表示最高的敬意,他们一定会邀请你去共进丰盛的晚餐,进餐的场所可以是家中也可以是高级的豪华餐厅。因为丰盛的晚餐除了能让人享受人生的乐趣外,还有一个很重要的意义就是象征犹太人对金融界的支配权。物质的快乐可以激发一个人的自尊心和自豪感,让他对生活更热忱,更加有创造精神。

如果只知囤积而不知享用,金钱于我们又有什么价值可言?当然,节约的念头,必须常常放在心里,以便约束挥霍之欲。但是同时我们的所作所为要与身份相称,最起码的衣、食、住、行,不可过于节省,如果为了节俭,连应有的生活乐趣也一概免除,那就失去节约的意义了。

当然,我们在享受金钱带来的快乐生活时,也应当注意凡事要有度,如果你的花费和你的收入不相称,就应该引起警惕了。成熟的人绝不会为了面子"装阔"。学会量入为出,也是快乐生活的一个必要条件。

美国一位从事食品加工业的老板认为,能管好自己的钱是获得美好生活的关键。有些高收入者不会打理钱财,总是把钱花在一些没有价值的东西上,因此,他们仍然被拒绝在财富之门之外。他说："事实上，你没有必要一定要戴一只价值5000美元的手表，没有必要去坐豪华小轿车。"他举了一个例子，福特轿车被美国各行业的老板喜爱，原因是价格适中。在他过60岁生日的时候，他的朋友们计划送给他一辆劳斯莱斯牌轿车，他知道后很快通知他的朋友千万不要如此。他表示，这是与我的生活风格极不相配的。如果你拥有这样一辆车，你一定会换掉你的房子，一定要去买套相称的家具，一定要更换一切与这不相称的物品，着实打扮自己。

当你为自己并不真正需要的奢侈品付费后，生活的重心有可能因此发生偏移，然后你会失去自己对生活的掌控权。

身处21世纪，人们的基本收入在不断提高，消费项目也越来越多了。除了最基本的赡养长辈、生育教育子女、购房、购车外，另外像添购家具、全家旅游以及希望退休后仍要拥有富足的银发人生等等，不管是哪个阶段，哪一种生活要求，都必须要靠金钱来满足。作好理财规划，储备必要的经济能力，将是现代人必修的课题。

打理好自己的收入，和它的丰厚与否没有必然的联系，关键在一个人对金钱的看法、对生活的态度。那些信奉今朝有酒今朝醉的人，表面看来也享受了人生，可惜他们的享受只是暂时的，经济危机、信誉危机和碌碌无为的空虚感，都会在不久的将来找上门来。而当你的钱被用在正当的投资和生活支出上时，才能给你带来长久的保障和充实的人生。

能成大事的人，首先要管得住自己，节制、自律、脚踏实地的生活方式是我们每个人都需要的。在享受生活的同时，不为表面上的奢华所动，坚持物有所值的价值规律，在赢得他人的尊重同时也为实现自己的财务独立打下良好的基础。

演好老板的角色，因为你是公司的代言人

许多公司都是请明星、名人做代言人，以此建立品牌形象，体现品牌个性，增加品牌权益。无疑，明星能够快速扩大企业的影响力，但是假如明星代言人与你的产品关联不大的话，从长远来看，作用恐怕是有限的。

说到底，最好的代言人还是企业老板自己，是企业的员工们。假如员工的老板以身作则、做出楷模，员工都能够做到诚信负责，时时刻刻为客户着想、为公众着想，那么，就算没有明星代言，你的企业在客户心中仍旧是正面的，积极的，是能够得到消费者的好评的。

另一方面，老板的个性，也代表着企业的个性。有很多成功的商人，都是创造潮流的明星，出售商品，也出售新的生活态度。

理查德·布兰森，是英国维珍集团的创始人及CEO、英国最富传奇色彩的亿万富翁、全世界最性感的商人，也是多项极限运动的世界纪录保持者、欧美家喻户晓的明星、最著名的商界顽童。

布兰森出生在一个富有冒险精神的家庭，父母都参加过第二次世界大战，母亲还是二战时英国南美航线的"明星空服员"。他外祖母的生活更加精彩，她热爱体育和跳舞，创造了两项了不起的纪录。在89岁时，她又成为英国最老的通过了高级拉丁舞考试的老人。99岁那年，她还参加了一个一杆进洞高尔夫球比赛。

1970年，布兰森发现当时唱片店的零售价过高，于是决定全力投入这个行业。他的第一家唱片商业开张时，有很多备选的名字，但最后确定了"Virgin"（维珍）。一本杂志采访他，问他为何将他的公司取名为"Virgin"时，他解释说因为这个名字性感易产生联想并过目不忘。其次，维珍意味着一种生活态度：自由自在的生活方式，叛逆、开放、崇尚自由以及极度珍贵的浪漫。

布兰森的唱片店，代表着70年代的时尚，不管你是否赞同这种生活态度，必须承认，布兰森的出身、个性和追求，与他的企业相得益彰。"维珍"的成功，就是一种个人风格推行的成功。这种风格影响力够大的时候，你就可以开创自己的事业。

老板做代言，是最符合公司的宣传策略的。2010年，80后的新锐创业者、聚美优品的CEO陈欧亲自出镜，为公司拍摄的"为自己代言"的广告视频，在年轻一代中引起强烈共鸣。"你只闻到我的香水，却没看到我的汗水，你有你的规则，我有我的选择，你否定我的现在，我决定我的未来，你嘲笑我一无所有，不配去爱，我可怜你总是等待。你可以轻视我们的年轻，我们会证明这是谁的时代，梦想是注定孤独的旅行，路上少不了质疑和嘲笑，但那又怎样,哪怕遍体鳞伤也要活得漂亮,我是陈鸥,我为自己代言。"这段广告词传诵一时,掀起"聚美体"模仿热潮。

从公关的角度来看,不论是媒体还是大众,大家都希望能够有一个活生生的、有真性情、有感情并且能够具体代表企业形象的企业代言人,代表企业从事对内对外的沟通工作。如阿里巴巴的马云,如巨人集团的史玉柱等,他们自身的形象对企业形象会产生极大的影响。

当老板的人应注意了,不管你的企业规模大小,或者经营的方向是什么,你自己都是最有影响力的代言人。为了企业的形象,你必须要对自身的形象负责。

巴西第一位工人出身的总统卢拉,他的从政之路是从1980年他创建巴西劳工党之后开始的。从1988年起,卢拉开始参加竞选巴西总统。不过,由于当时他缺乏系统的思想,对于如何改变巴西经济并且控制持续不断的通货膨胀没有可行的办法,所以他在第二轮投票中失利。

此后,卢拉又在1994年和1998年两次参加巴西总统竞选,都以失利告终。尽管连续三次竞选总统均告失败,卢拉却没有就此放弃。早在第一次参选失利之后不久,卢拉就在劳工党内成立了公民权利研究所,聘请了全国著名学者专家讲课,为党员提供学习和研究的机会。在1993年到2001年间,卢拉走遍全国,实地考察和了解社会,为竞选总统和以后施政积累感性知识。

为了获得2002年入选的胜利,卢拉作了许多努力。作为巴西众多穷人的希望,往日的卢拉一贯以工人的形象出现,其政见也被对手批评为过于偏激。这导致他在此前的三次总统选举中得票总是处于第二。此番再度上阵,卢拉决定要向英国工党学习,将自己包装成一名"巴西的布莱尔",改变以前的"激进工人领袖"形象。为此,他雇了形象顾问,把大胡子进行了一番修整,脱掉了以前常穿的开领T恤,一身西装革履的打扮。

面对广场上人山人海的群众,卢拉说:"我在不断改变自己,因为这个世界在不断地改变。"

针对选民求变但怕乱的心理,卢拉提出了"和平与爱心"的竞选口号以重塑形象、改变主张,从激进左派变成了既求变又求稳的务实左派。正是这一改变赢得了人心,卢拉最终成为巴西联邦共和国总统。

打造良好的公众形象,是一个系统的课题。这需要以你原本的形象定位为基础,根据你的出身、职业、所面对的环境和对未来角色的期待,进行相应的调整打磨,以此增强你在公众心目中的可信任度,让你受到更为广泛的接受和欢迎。

一个好老板需要有独特的个性标签

老板不是仅靠埋头苦干就可以当好的,在今天,那些成功的老板大都是聪明、勤奋且富有情趣的人。他们懂得如何使自己的生活更加丰富多彩,而且他们确实通过丰富的生活体验让自己更加开心和自信。

要在人群中突出自己的风格,在你身上除了性别、年龄、工作、职位这些固定的描述,还要有其他更能增加吸引力的东西,如各种艺术的特长。

在哥本哈根的大街上,人们有时能看到丹麦女王玛格丽特二世的身影,丹麦人亲切地称她为"平民女王",并认为她是最受丹麦公民欢迎的人。

玛格丽特生于王室,她的父亲斐德烈九世与她的母亲英格丽德王后使她从小就受到了良好的教育。她本人又天资聪颖、勤奋好学,她不仅精通英语、法语,还专修了丹麦国家事务课,掌握了作为女王应有的知识,还在丹麦空军妇女志愿队学习了有关知识,成为了一个知识渊博、多才多艺的人。玛格丽特的兴趣爱好十分广泛。她喜欢的运动有:滑雪、击剑、柔道、体操、射击、跳水、打网球及田径运动。不过,她最喜爱的运动还是跳芭蕾舞,她几乎每天都要练习一会儿芭蕾舞,每周都要同几个朋友一起跳一次芭蕾舞。

玛格丽特还特别喜欢绘画艺术。她在这方面可以说具有很好的天赋,早在上小学时,她就参加了国际儿童绘画比赛,并获得了奖品。她为此高兴地跳了起来,从此,她对绘画的热情越发不可收拾。她系统地学习绘画的知识和理论,勤奋地钻研绘画技巧,苦练基本功。就这样年复一年,她对素描、油画都有较深的造诣,并有不少好的作品。随着她在绘画方面知名度的提高,不少出版社找她作画,她经常应邀为一些即将出版的小说、诗歌、童话、传奇故事等书画作插图,受到出版社和广大读者的高度赞扬。

女王的艺术特长,使她更有亲和力,而普通人的专长,则可以为其增添一种与众不同的风采。唱歌、跳舞、弹吉它、弹钢琴、吹萨克斯等等,都可以让你暂时摆脱工作中的严肃与刻板,流淌出一种自然的魅力。不要以为特长只是一种华而不实的东西,事实上,特长就是你的特色标签,让人们发现你、记住你,让更多的好运气与你相伴。

"特长也是竞争力",如果你想让自己在这个竞争激烈的社会上拥有更多的竞争力,如果你不想只做一个面目模糊的人,那就应该关注自身的成长,让自己尽量地拥有特长。特长的另一个作用,是可以让你以一技之长会尽天下之友,在自己的职业圈子、朋友圈子之外,再拥有一个同好者的圈子,接触到各行各业的人,开阔眼界,增加阅历。

我们生活的亮点其实还有很多,即使你没有艺术上的专长,在休闲娱乐上也可以表现出自己的风格来,体现你的成熟练达和对生活的热爱。

万科的老总王石,是企业家中的半职业化运动员。他从1997年攀登了西藏的第一座雪山之后,便一发而不可收,每年抽出1/3的时间用于开展登山、漂流、滑雪、滑翔、跳伞、热气球之类的活动。这让他成为了一位明星企业家,并获得了"国家登山运动

第八章 提升品位，享受另一种生活方式

健将"的称号。他戏谑地说，他将"不是死在山顶上，就是死在山脚下"。2003年5月，52岁的王石成功登上珠峰，成为中国登顶珠峰的人中年龄最大的一位。2005年12月，他又成功抵达了南极极点，完成了"7+2"的目标（七大洲的最高峰，加上南极点和北极点），为全世界所有完成"7+2"壮举的人中年龄最大的一个，也是华人中的第一位。

针对登山是否妨碍了正业的置疑，王石的名言是："不要把我当个工头来要求！不要这样要求一个董事长。"王石要表明的是：在事业上，我已经登顶，可以自由地安排时间干自己想干的事，而不必担心经济条件的限制和他人的反对。另外一层意义是，万科的企业管理已经走向了正轨，公司的老总不必再陷入具体事务和竞争的焦虑之中。我们可以看出，追求品位生活不仅是附庸风雅这么简单，更多的时候，是向外界展示自己的优越地位与超强实力。

如果仅以经济实力来衡量，能够称得上成功者的人很多。金钱和地位，你有，他也有，不必炫耀也炫耀不出什么花样来。但彰显自己有钱有闲、功成名就的超然，对于风格和品位上的提升大有锦上添花之功效。

当然，我们也不必都像王石那样玩得那么高端。平日多接触一些如登山、垂钓、网球、游泳等时尚的运动，偶尔听听歌剧，看看画展，搞搞特色收藏，能不能领悟其中的精髓还在其次，能给庸碌繁忙的日子增添一些情趣就好。只要你平日多用点心，从

身边简单的事情做起，就能慢慢培养出自己的优良品位。

当你喜悦地、专注地去做一件事的时候，你的存在才会有特色，你自己才更有自信。有魅力的人首先要有特点，不然怎么能显出你卓然不群呢？其实你爱干什么都行，只要你能干出点特色来就成。

精神上的富有才是真正的富有

那些跨国企业的大老板们，都以身材矫健、精神饱满为荣，在他们的带动下，手下不同级别的职员们也个个都打起精神，一副活力洋溢的样子。在今天，萎靡邋遢的作风，是我们应该尽力摒除的。

人生最重要的，首先是一副健康的体魄，只有这样才能保障你有充沛的精力来投入工作，来享受生活。

美国的石油大亨默尔因患心力衰竭症住进汤普森急救中心，病愈出院后，他卖掉了自己几十亿美元资产的公司，并将所得全部捐给了慈善和卫生事业，自己则移居到乡下颐养天年。

1998年，已80岁高龄的默尔在参加汤普森急救中心的百年庆典时，有记者问他当初为什么要卖掉自己的公司，默尔指着刻在医院大厅里美国好莱坞影星利奥·罗斯顿的一句遗言说："是利奥·罗斯顿提醒了我。"利奥·罗斯顿的那句遗言是："你身体很庞大，但你的生命需要的仅仅是一颗心。"后来，默尔在自己的传记里这样写道："巨富和肥胖没有什么两样，都是获得了超过自己需要的东西罢了。"

如果没有健康，那么人生的追求无论是事业、财富还是爱情终将化为泡影。而健全的体魄、乐观积极的心态、敏锐的反应都是成就一切宏图伟业的基石。只有不断地投身于健康之旅，你的人生财富才会倍增。

工作忙碌的老板们，无论如何都要给自己抽出锻炼身体的时间来。至于锻炼的方式，则可以自由选择。无论做什么运动，都应该先有氧，再做局部训练，这样效果比较好，否则，只做局部而不做有氧运动是没有效果的。最好到正规健身俱乐部找专门的健身教练指导，如果选择在家健身，像散步、上下楼梯时加快点速度，并连续不间断25分钟，也算是有氧运动，25分钟后再放慢速度保持5到10分钟就可以，中间不要停止。另外，像仰卧起坐、俯卧撑等都可以锻炼肌肉。在运动中一定要注意姿势的准确，否则会对身体造成危害。

健康锻炼于我们不应该成为一种额外的负担，当你把它当成一种新的生活方式时，你会慢慢地喜欢上它。如今，步行运动已风靡全球，成为一种新的时尚。早在2003年，英国首相布莱尔为督促国民减肥，曾花费百万英镑搞宣传，动员百姓走路上班；法国在数十年前就成立了名为"健行者之路"的民众健身组织，全国四通八达的羊肠小道成为步行运动和徒步旅行者的健康小道；

在步行成风的西班牙，下班后，举国上下外出散步，走出了一身潇洒和健美。

有了健康的体魄之后，我们才可以打造出自己神采奕奕的精神状态。

穷困和潦倒总是并称的，影视剧中的穷人除了衣衫不整，还要有肮脏的皮肤及一双永远没有光彩的眼睛。而成功者，他们的自强自律即使在第一印象中也是可以感受得到的。

行为学家迈克尔·阿盖尔做过一个实验：他本人以不同的打扮出现在同一地点。当他身穿西服以绅士模样出现时，无论是向他问路或问时间的人，大多彬彬有礼，而且差不多都是绅士阶层的人；而当他打扮成无业游民时，接近他的多半是流浪汉，或是来借火，或是借钱、借烟。

得体的穿着，等于在告诉大家："这是一个重要的人物，聪明、成功、可靠。大家可以尊敬、仰慕、信赖他。他自重，我们也尊重他。"

反之，一个穿着邋遢的人给人的印象就差，它等于在告诉大家："这是个没什么作为的人，他粗心、没有效率、不重要，他只是一个普通人，不值得特别尊敬他，他习惯不被重视。"

面容方面，疲倦、憔悴或没刮干净的胡须都会带来严重的负面影响，头发太长或凌乱不堪亦然。尺寸不合的衣领或土里土气的领带，都足以损害到你的形象。

从某种程度上来说，一个人改变自己的服饰，实际上就是在改变自我形象，改变他人对自己的看法。

地产界名人潘石屹出身于甘肃天水麦积山附近一个贫困的村子，长期自称"土鳖"，他的成功，是靠摸索和经验制胜的。对潘石屹影响最大的人，可以说是他的太太张欣。张欣是剑桥的经济学硕士，回国前就职于华尔街的高盛投资银行。她和潘石屹是夫妻，也是事业上的搭档，她与潘石屹共创了他们自己的房地产公司——SOHO中国。

潘石屹说：事业上，我和张欣是好搭档，而生活上，我完全被她牵着鼻子走。刚结婚时，她干的第一件事就是把我衣柜里的衣服都送人了，全部按她的审美标准换新的。这些年，在她的包装下，我的"土鳖"形象大为改观，常被媒体评为最佳时尚先生，还获得过最佳服饰奖，为公司赢得了很多印象分。我在待人接物上也深受她的影响，比如，我请客户到家里谈事时，张欣就叮嘱我："叫他夫人一起来嘛。"她认为，带夫人来并不会耽误生意，气氛会更好，重要的事到旁边屋里谈一会儿就完了。现在有那么多朋友帮我，好人缘和好财运都是从娶到张欣那天开始的。

潘石屹和他的太太张欣，以中国开发商中的明星夫妻和前卫形象著称。在中国历史上最大规模的城市化进程中，夫妇两人的SOHO中国公司用一个个独特的建筑作品向人们充分展示了他们的艺术品质和商业天赋，他们总是以不断的创新精神为人们制造新的轰动和概念，从而在房地产界掀起波澜。

有相关调查表明，那些在事业上亲手开创了自己的王国的大老板，几乎没有萎靡不振或体态超重的。他们知道：身体的健康和仪表的完美更能够催生出自己对自己职业的热爱，产生更多的满意感。如果不懂得怎样去热爱你的工作、热爱周围的人和生活本身，财富就没有更多的意义。

做一个有修养的人，言谈举止有礼有节

有一些对修养稍稍欠缺或者对细节关注不够的老板，经常会在日常交际中失仪。虽说是英雄不论出处、成大事者不拘小节，过于粗疏随便的言行举止也要杜绝，这是自身修养素质的体现，也是为了满足对方被尊敬、被重视的心理需要。

于军是做外贸生意的。一次，一个朋友给他介绍了一对法国夫妇——格林先生和他的夫人，那个朋友希望格林夫妇可以给于军一些建议，能对他的一个商业拓展计划有所帮助。于军约格林夫妇在某西餐厅见面，但这次见面很不成功，这对夫妇，尤其是格林夫人对于军的印象糟透了。

原来，到餐厅一见面，于军就只忙着跟格林先生握手，并拿出准备好的礼物送给了格林先生，而把格林夫人冷落在了一旁；吃饭的时候，于军只顾和格林先生谈笑风生，完全没有照顾夫人的需要；最糟糕的是出门的时候，他居然并肩和格林先生走到门口，把格林先生送了出去，然后才是夫人，弄得格林先生十分尴

尬。格林夫人直接告诉于军的朋友说，她认为于军是个非常不懂礼貌的人，完全没有成功男士应有风范。

良好的礼仪能够让人们融洽地相处，建立起相互尊重的关系，这在社会生活中是不可或缺的。作为一个公司的老板，你的表现不仅代表着你本人的素质和修养，也能够体现出你所在的企业的形象。现代社会是开放的社会，一般的交往礼仪也没有多么得严肃烦琐，说到底，一些失仪失礼的作风，还是认识不足的问题。假如用一种简单的方式去概括商务礼仪的话，那么它就是商务活动中对人的仪容仪表和言谈举止的普遍要求。在人际交往中，要不卑不亢，既要尊重自己，同时也应当尊重别人，如果你尊重别人，别人就可能会尊重你。在女士面前，再适当表现一下彬彬有礼的绅士风度，就可以受到更多的欢迎了。

每当看到那些小有成就却言行失当的人时，我们都免不了替他们觉得惋惜，不能改善形象的成功就不是成功。这样的人只能成功地做成某些事，而形象魅力十足的人也会成就他自己。

一个人在社交生活中，应该从以下几个方面增加自己的修养：

一是有礼节。寒暄就是语言的礼节。有五个最常见的礼节语言的惯用形式，它表达了人们交际中的问候、致谢、致歉、告别、回敬这五种礼貌。问候是"您好"，告别是"再见"，致谢是"谢谢"，致歉是"对不起"，回敬是对致谢、致歉的回答，如"没关系""不要紧""不碍事"等。

二是有分寸。这是语言得体、有礼貌的首要问题。要做到语言有分寸，必须配合语言要素，要在背景知识方面知己知彼，要明确交际的目的，要选择好交际的方式，同时，要注意如何用言辞行动去恰当表现。当然，分寸也包括具体言辞的分寸。

三是有学识。在高度文明的社会里，必然十分重视知识，十分尊重人才。富有学识的人将会受到社会和他人的敬重，而无知无识、不学无术的粗浅的人将会受到社会和他人的鄙视。

四是有教养。说话有分寸、讲礼节，富于学识，言语优雅，尊重和谅解别人，都是有教养的表现。尊重别人符合道德和法规的私生活、衣着、摆设、爱好，在别人的确有了缺点时委婉而善意地指出。别人不讲礼貌时，本着谅解的态度，视情况理智地处理。

礼貌和教养，可以让我们在社交场合取得一个良好的分数，如果能在其中加入一种幽默感，则更是独具风采。

俞敏洪是新东方教育集团创始人，英语教学与管理专家。从他的职业来说，容易给人严肃刻板的印象，但俞敏洪被称为一个善于在演讲中激励学生的"圆梦大师"，一个没有一点架子、任由员工"开涮"的亿万富豪，一个创业伙伴们骑到他头上却不得不服气的校长。关于俞敏洪的段子俯拾皆是：

调侃中国顶级大BOSS的长相："李彦宏和马云通常不太愿意坐在相邻的椅子上，因为两个人的对照到了惨不忍睹的地步，解决的方法就是把我放到他们两个中间，起到一个过渡的作用。"

讲坚持："不管怎样，要坚持，不要自我了断，生命中会有很多奇迹发生。假如杨振宁教授不活到82岁，他怎么知道还能结第二次婚呢？"

在适当的场合，以幽默的谈吐来增强交际的生动性和亲切感，是聪明人必备的特点之一。幽默虽隐含着引人发笑的成分，但它绝不是油腔滑调地耍嘴皮子那么简单。大凡有幽默感的人，都不缺乏文化教养和品德修养，而一个心胸狭窄、不学无术的人是不会有幽默感的。

有些人天生就浑身充满了幽默细胞，但并不是说没有这种秉赋的人就会一辈子刻板严肃。一个幽默的人生才是健康的人生，试着让自己的心态变得幽默，未来也会跟着亮起来。

一个人的言行举止不仅代表着自己的形象，也体现着自己的教养，在一定的场合中，个人的行为代表着组织行为，个人形象代表着组织形象。所以，我们必须养成良好习惯，提高个人修养。修养的提高，是在自我认识、自我要求的基础上进行的，是一种自我教育、自我充实、自我提高的活动及其结果。当我们心中目标明确，知道要把自己打造成什么样子时，就可以按照那个想象中的形象来塑造自己。每个细小的侧面加起来，就是一个完整的大概念。这时候，无论你的风度素养还是思想见识，都已经发生了让人欣喜的改变。

参考文献

[1]赵伟.给你一个团队,你能怎么管[M].南京：江苏文艺出版社,2013.

[2]熊小年.不会带团队,销售主管累到死[M].北京：金城出版社,2016.

[3]周剑熙.团队沟通的艺术[M].北京：民主与建设出版社,2017.